生命‧死亡教育叢書

宇宙與人生
——大智教的貞定

鈕則誠◎著

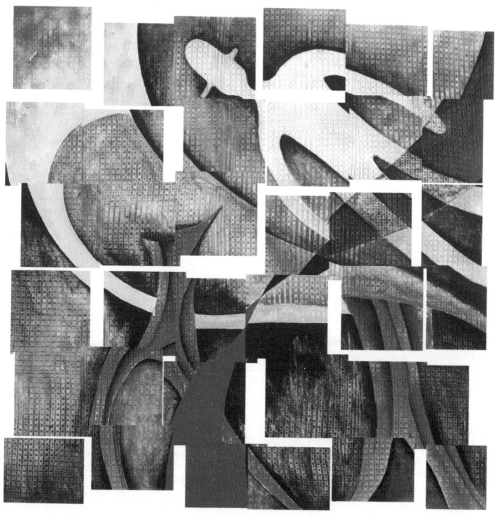

Cosmos and Life: The Rise of Great Wisdom Edification

序：從大智教化到大智教

　　我從事生命教育的教學與研究至今二十四載，八年前提出「大智教化」新論述，作為生命教育的民間版、成人版、擴充版與升級版。為深化其內涵及發揮影響力，連續出版七書以自度度人、移風易俗，眼前是最新的一部。本書《宇宙與人生——大智教的貞定》首度讓「大智教」站上第一線現身說法，大智教屬於反諷式的擬似宗教之非宗教，用以提倡「美育化宗教」。美育化宗教之說是受到蔡元培「美育代宗教」卓見的啟發，希望促成華人宗教意識典範轉移。我個人的心路歷程正是如此一路發展至今，可謂道喜充滿，因此樂於寫下來以文會友，善結有緣人。全書係通過大智教的觀點，對我的三十三部著述進行回顧與前瞻。

　　不似「天王」洪秀全科考失利悲憤交加大病一場，卻因此「靈動」而創立「拜上帝教」，並登上教主甚至國君的寶座。我則是反其道而行，受到白居易因詩文平易近人被封為「廣大教化主」的激勵，而自許為「大智教化主」。我希望融匯古今中外聖賢才智大智大慧以推行「大智教化」，更於日益精進中將之凝聚打造成「大智教」，本書遂可視為一部平易近人的教義表述。回想自己第一部公開發行的著作《心靈會客室》，屬於慈濟文化志業結緣書，本書亦作如是觀。至於提及洪秀全實為有感而發，

太平天國若能常保江山永續發展，就不會有日後民國與人民共和
國分治局面，到如今兩岸百姓不就過上天下太平的好日子了嗎？

鈕則誠　謹識

2021年8月

成家三十六載，六十有八

目　錄

生命教育（1997-2008）　**45**

大智教化（2008至今）　143

【寫】　191

從宇宙看人生：新自然哲學　193

【書】

閱讀啓蒙（1968-1978）

科學人文（1978-1997）

生命教育（1997-2008）

大智教化（2008至今）

引　言：自我觀照

　　身爲學者教師，去歲六十有七前共撰寫三十三書，跨度長達四十二載，反身而誠，我手寫我心，立言以不朽，於願足矣。屆齡後有幸回聘爲學校客座，得以開啓生涯二春，乃擇善固執全力推廣「大智教化」。大智教化是官方生命教育的民間版、成人版、擴充版與升級版，對此我不斷著書立說，而於近年拈出以「後科學、非宗教、安生死」爲中心思想的自家本事「後科學人文自然主義華人應用哲學」，簡稱「天然論哲理學」或「天然哲」。吾十有五而志於愛智之學，及長成爲哲學科班出身的學者教師，前後已超過半個世紀，但始終跟主流若即若離，而甘於身處邊緣，自行其是；自求多福，自得其樂。回顧既往，發現吾道竟然能夠一以貫之，著實難能可貴，乃決定進行自我觀照，將個人撰述加以詮釋及引申，並賦與當下的意義和價值。但在此之前，還需要對幾本啓蒙著作稍作檢視。

　　本書以《宇宙與人生——大智教的貞定》爲題，嘗試宣揚我所創立的反諷式擬似宗教之非宗教「大智教」，又可稱作「人生教」。藉此以文會友，善結有緣人，希望自度度人安身立命了生脫死，此即「大智教化」之眞諦。爲此我乃設置網站虛擬書院「大智教化院」，持續貼文以廣結善緣。大智教關注「宇宙與人生」，這是我的博士學位論文題目，完成於三十四歲，至今剛好半生，不啻吾道一以貫之的明證。宇宙與人生乃係新儒家學者唐君毅所指哲學探討對象，他認爲「從人生看宇宙」方能「直透本原」，反之則步入「最彎曲的路」。而我正是花了大半輩子從後者走向前者，一

生著述便反映其中的心路歷程；如今重新咀嚼，遂有作為集大成的去蕪存菁文字。三十三部著作大約近五百萬言，濃縮成一帖帖綜述，雖屬微言大義，但畢竟不脫對宇宙與人生的終極關注，話說從頭的用意即在於此。

　　歸納我的一生著作，大致可分為「科學人文、生命教育、大智教化」三時期；始自二十五歲準備撰寫碩士論文，至四十有四創辦生死學研究所，以及五十有五體現中華本土的生命學問從而至今。但是在從事撰述之前，其實還有一段長達十載的「閱讀啓蒙」時期。閱讀相對於書寫可視為「感性認同」階段，進入體制發展生涯屬「理性求緣」階段，自願離退行大智教化則歸「悟性貞定」階段。心智的「感性、理性、悟性」三階段，足以對照於人生的「常識、知識、智慧」三境界；我一路行來覺得道喜充滿，乃形諸文字當作大智教化的方便法門，樂與有緣人分享。「緣」指「緣會」，亦即「心靈會客」，「心靈會客室」正是我另一處虛擬書院。緣起緣滅，有緣無緣，多少繫於相會個體的稟性氣質，無法勉強，只能順其自然。但在此前還是可以盡力而為，「盡人事聽天命」不是指惜緣隨緣嗎？

閱讀啟蒙

（1968-1978）

　　1968年我十五歲，「吾十有五而志於學」，學思啓蒙自此一發不可收拾，竟至耽誤學業，結果三年高中念了五載，所幸如願考取哲學系，最終成爲另類哲學教授。反身而誠，我的人格特質可以概括爲一句話：「自了漢！」至今年近七旬，依然盡量抱持「無求於人，亦不爲人所求」的道家式獨善心態。正是這種心智的潔癖，體現出思想的與衆不同；不是高人一等，而是不願從衆。中西哲學家我最欣賞莊子和叔本華，正因爲他們都處世孤高與卓爾不群。但是我缺乏他們的豁達及堅毅，只能退而求其次，尋訪適當認同對象。四十出頭去中央大學哲學所兼課，所上有位另類教授甯應斌，筆名「卡維波」，係取自西方分析哲學三位大師「卡納普、維根斯坦、波普」之姓氏。我耳順之年提早離退追求海闊天空，竟在尚友古人中發現三位知音「陶淵明、白居易、蘇東坡」，乃樂於自號「陶白蘇」。

　　分析哲學講究邏輯分析的清晰明辨，我雖不能至卻心嚮往之，遂以波普爲碩、博士論文的鑽研對象，沉潛其中達十年之久。其實我研究的並不是波普早年對分析哲學的獨到貢獻，而是他中後期在科學哲學的獨樹一幟，尤其是「三元世界」思想。「三元世界觀」是「身心二元論」的擴充與創新，波普認爲我們可以確切感受到身體與心靈之外，由心智所創造的文化性事物同樣「實在」。例如一部經典著作能夠在作者亡故後仍不斷影響世人，從而體現出「立言以不朽」。我正是受此啓發而著述不輟，雖千萬人吾往矣。「三不朽」是儒家成聖成賢的標竿，我雖認同道家而非儒家，但發覺在二十一世紀的今天，靠著平面及電子媒體宣揚人生哲理自度度人，不失爲樂事一樁。何況如今眞正自了漢式的隱逸人生早已不切實際，宜採取「儒道融通」策略加以權變，用以眞正安身

立命了生脫死。

　　回顧歷史上儒道融通的代表人物，我所推崇的陶、白、蘇三位都歸於典型；尤其是白居易的「中隱」之道，促使我從理性知識步入悟性智慧的境地。不過那係中年後期的事情，在邁入成年的當兒，我雖然對哲學連一知半解都不算，卻已經通過感性在心靈深處分別埋下理性與悟性的種子。高中到研究所的十年間，我受到極少數哲學著作的深刻啓蒙，逐漸醞釀出對於宇宙與人生的見解，雖然粗淺卻屬全方位見解。這使得在往後的治學途徑上，採行的是雜沓而非專精的方式。從學術觀點看，我始終在從事跨學科甚至跨領域的自學方案，如今可視爲「華人應用哲學」路線。雜家的特色正如陶淵明所言，「好讀書不求甚解」，耳順離退後潛心著述，更是不斷嘗試借題發揮，從而形成一套足以自圓其說的大智教化論述。本書既然話說從頭，就從那幾本深刻影響我的極少數著作談起吧！

林語堂
《生活的藝術》

　　幾乎沒有人會認爲林語堂是哲學家，但我發現他至少寫了兩部可列入哲學著述的作品：《生活的藝術》和《信仰之旅》；前者甚至想取名《抒情哲學》，後者則將中西哲學歸結到基督信仰。林語堂以書寫性靈小品著稱，小說創作曾提名諾貝爾獎；當過大學校長，更是著名語言學者及字典編纂家。他出身基督教家庭，父親是牧師，自己活至八十有一。甫入中年寫出《生活的藝術》，標榜「我爲什麼做異教徒」；耳順之後出版《信仰之旅》，英文名爲《從異教徒到基督徒》，講述個人「靈性的大旅行」之始末。由前書序言知道它完成於對日抗戰「七七事變」當月；也正是抗戰之初，我的父親帶兵鎮守南京城，碰上殘酷的大屠殺，爲避敵乃遁入寺院化身爲僧人，再伺機逃出魔掌。此一傳奇當時曾有張恨水小說《大江東去》連載於報端，日後則見老父半生自傳《還俗記》現身說法。

　　抗戰前夕林語堂爲避禍遠赴美國，在異邦寫書宣揚中國人的幽默感，遂被後人封爲「幽默大師」。不過面對世界大戰爆發，導致生靈塗炭，恐怕少有人幽默得起來，《生活的藝術》就成爲戰時爲洋人醍醐灌頂的清涼劑。難能可貴的是，此書特許全譯本於

抗戰次年夏天就在上海的雜誌連載，提供受苦國人心靈寄託。簡言之，該書基調乃是道家式世界觀與人生觀；書中列舉「誰最會享受人生」代表人物，就包括老子、莊子和陶淵明。林語堂受到熱愛中國的諾貝爾文學獎得主賽珍珠鼓勵而撰寫此書，身處美國首善之都紐約，看見車水馬龍繁忙景象，他最想強調「悠閒的重要」，並具體落實爲「家庭、生活、大自然、旅行、文化」五大享受。由於原著係以英文撰寫，主要對象爲美國讀者，全書便處處可見跨文化對照，讀來甚有國際觀，不至於陷入自我標榜的本位主義之窠臼。

《生活的藝術》中譯本首見於1940年上海，我手邊珍藏半世紀的版本則爲1948年；它是我高中時花了二十元在牯嶺街舊書攤購得，回家一讀如獲至寶，從此受益至今。理由無他，在大學聯考壓力下的苦悶少年，成天被孔子孟子光影籠罩，一朝遇見老子莊子頓覺海闊天空。當時的「中華文化基本教材」只有儒家不見道家，主流思想如此封閉，令我這個天生「非骨」一心嚮往另類。「非骨」並非「反骨」，我一生從不反對抗拒主流，頂多存而不論，卻堅持要有追求另類的自由。比別人多念了兩年高中，主要在於不務正業；辦校刊唱非調、上街頭瞎起鬨，還有就是拼命讀雜書，包括政府遷臺後所有的文藝小說。但最吸引我還是當年流行的新興思潮存在主義，以及由此銜接上的東方思想道家與禪宗；它們日後被我視爲「三位一體」思想啓蒙，其中道家正是由《生活的藝術》所引介。

劉述先
《新時代哲學的信念與方法》

　　高中時代消磨五載讀了不少雜書，反映出我的雜家性格，同時培養出對於「存在主義—道家—禪宗」三位一體人生哲理的終身認同。當時把道家思想和存在主義相提並論的，正是日後成為著名道家學者的陳鼓應；至於將禪宗思想銜接上西方理念的，則為旅美日本學者鈴木大拙。半世紀前我喜讀志文的「新潮文庫」及商務的「人人文庫」，鈴木著作多收錄於前者，陳鼓應之書則常見於後者；不過在大學時代唯一令我受益匪淺的著作，乃是「人人文庫」內的《新時代哲學的信念與方法》。該書作者劉述先，曾與「生死學之父」傅偉勳為臺大哲學系睡上下舖的室友，後來擔任香港中文大學哲學系主任。他另一部書題為《生命情調的抉擇》，其說日後不斷被我訴諸筆端，且身體力行。劉述先為新儒家學者，2013年金秋曾與之在深圳一道開會並暢飲紅酒，三年後他與世長辭，享年八十有二。

　　《新時代》是劉述先而立之年的作品，雖然列為口袋書流傳，卻是道地的全方位思想論述。它不但橫跨西方、印度、中國三大哲學系統，更廣涉科學、哲學、宗教等多元題材，而收尾於〈人生的意義與價值〉和〈現代哲學的定位〉兩章，由標題即可得見作者

視野之宏大。這本小書我自上大學後便已購得，卻從大二結束的暑假方展開詳閱，歷時一學期始讀畢。當時正在爲念哲學系的後路而思索，是出國改行讀心理學，還是更上層樓進研究所。後來我選擇考碩士班研究科學哲學，其緣起正是讀了《新時代》首章〈二十世紀科學哲學潮流的評價〉；劉述先用心分判「科學的哲學」與「科學底哲學」，令我相當受用。簡單地說，科學底哲學即是列爲哲學分支學科的一般性科學哲學，而科學的哲學則屬深具科學性格的哲學思想；「卡維波」等人的分析哲學路數，正是後者頗具代表性例證。

　　近半世紀後反身而誠，我發覺自己涉足哲學一大弔詭現象，便是知情意行在學術上的分裂。我因爲對前述三位一體思想的情意認同而擇善固執報考哲學系，然而一旦決定要念研究所，卻無心對之從事知識性探討。在我看來，人生信念一如宗教信仰，是給人相信而非研究的；我認同道家思想安於現世的自然主義人生觀，希望順乎自然過日子，死而後已。至於上研究所就等於選擇走向學術研究的生涯道路，那就應該鑽研信而有徵的經驗科學知識。從知識史視角看，現代自然科學的前身乃是自然哲學，亦即哲學形上學中的宇宙論。我年輕時一度嚮往當科學家，甚至選生物系爲輔系，讀碩、博士班分別從事生物哲學和物理哲學探究，爲我搭橋的正是波普。長壽的他起初研究數學邏輯，中年後涉足物理科學及社會科學，老年又轉向生命科學，可謂如假包換出入自如的「通人」類型大哲學家。

萊興巴哈
《科學的哲學之興起》

　　考碩之前受惠於劉述先大作就「科學的哲學」與「科學底哲學」之清楚分判，讓我對未來研究方向有了初步的底。我打算探討作爲科學底哲學的科學哲學，卻對科學的哲學難以忘懷；這多少是因爲哲學系主流學風保守，讓我對另類論述心生嚮往。尤其在大四時發現一書《科學的哲學之興起》，與我的嚮往不謀而合，更覺深獲我心。該書爲美籍德國哲學家萊興巴哈最後作品，出版兩年後他便辭世了。萊氏秉持歐陸學術的跨界傳統，在上世紀初廣涉哲學、邏輯、數學、物理諸科，成爲分析哲學重要推手。二戰前避禍移居土耳其及美國，擔任洛杉磯加州大學教授。此書由吳定遠中譯，從序言中得知他是白色恐怖下的政治犯，在獄中從事翻譯。我念碩一是1977年的事，當時蔣介石去世未久，高壓統治氛圍猶在，但已稍見鬆動；像科學的哲學這類看似「沒有顏色的思想」，大致不構成問題。

　　猶記1973年考上哲學系之前，曾發生「臺大哲學系事件」，一些年輕學者被解聘，研究存在主義和道家的陳鼓應便在其中。臺大哲學系有著強烈自由主義思想，係受到五、六零年代不平則鳴的殷海光教授影響。他認爲邏輯分析正是沒有顏色的思想，其餘

多歸戴了有色眼鏡的意識型態，他稱之爲「意底牢結」。《科學的哲學之興起》的寫作目的，乃是在美國實用主義地基上，盡量清除固有玄想色彩，這些在萊興巴哈看來即爲「思辨的哲學」，必須採用「科學的哲學」對治。思辨傳統在西方自古有之，形上學中的本體論便屬最佳代表，宇宙論也不例外。分析哲學走在實證主義的道路上，強調無徵不信，偏偏形而上思辨玄之又玄不知所云，遂主張澈底消滅之。形上學在中國又稱「玄學」，民國十二年的「科玄論戰」即有「打倒玄學鬼」呼聲，這對後世自由主義者而言，就等於心智解放。

　　該書我讀過很受用，碩一時選修「科學哲學研究」，由受過物理學訓練的武長德教授講授，便推薦他採用此書爲教材。神父慈悲爲懷，接受了我的建議，但是強調站在天主教立場，必須對其中思想嚴加批判，絕非照單全收。他後來成爲我的碩、博士論文指導教授，不啻爲恩師。就在細讀全書時，另外一部經典作品中譯本在臺問世，此即諾貝爾醫學獎得主莫諾的《偶然與必然》。該書曾被美國《新聞週刊》選爲二十世紀百種必讀書籍之一，其副題爲「現代生物學的自然哲學探討」，以生物學作爲科學的哲學之基礎，跟萊興巴哈用數學與物理學當基礎，有著異曲同工之妙。由於自然科學係由自然哲學轉化創新生成，過時的自然哲學因爲採用思辨爲方法，被認定要淘汰。但萊興巴哈跟莫諾這些抱持鮮明科學思想的學者，其實都有著強烈人文關懷精神，正是「科學人文主義」的代表人物。

范光棣
《韋根什坦底哲學概念》

　　碩一時為撰寫科學哲學論文而準備，廣泛涉獵相關著作；後來決定研究波普，多少受到系上教邏輯的大學長王弘五影響。王老師當時正在讀博士班，打算研究波普。他經常跟學弟妹相談甚歡，大家都對他的思緒嚴謹、理路清晰印象深刻，相信是受到波普薰陶。但是與波普同時代還有一位分析大師，那便是維根斯坦；後來在波普自傳中讀到，兩人曾於劍橋大學激烈爭執辯論不歡而散。要研究波普當然不能繞過維根斯坦，收集資料之際發見一冊《韋根什坦底哲學概念》，討論的正是維根斯坦。譯名不統一在當時很常見，後來被定譯的「波普」，在我的碩、博士論文中分別譯為「波柏」及「巴柏」。妙的是《韋根什坦》作者和譯者皆屬反政府人士，前者為黑名單上的大臺獨，後者係「臺大哲學系事件」受害人，而出版該書的機構，卻是加害者國防部總政治作戰部下轄的黎明文化事業公司。

　　原作者范光棣早年留美，本書是他在夏威夷大學拿學位的博士論文。他因長期唱反調不得返臺，解嚴後才衣錦榮歸，出任成大藝術所所長。此君如今仍健在，卻一反從前，成為反臺獨的急統派，多少反映出左派知識分子的心態轉換。不過他的學術論著

卻顯得中規中矩，讓譯者胡基峻不禁讚歎其篇幅雖不多，但表達得極爲清楚和正確。儘管維根斯坦在圈外的知名度不高，但他卻可能是對二十世紀哲學界影響最爲深遠的人，尤其是英語國家的哲學。再者他也算得上是哲學史內出身另類且頗具傳奇色彩的哲學家。原籍奧地利的維根斯坦本爲航空工程師，卻在演算時對數學中的邏輯方法著迷，就改行去劍橋拜寫《數學原理》的哲學家羅素爲師。一戰開打他奉召入伍，在戰地不停寫哲學日記，退伍後將日記改寫成《邏輯哲學論叢》，老師讀完驚置不已，找人一道口試，立即頒授博士學位給他。

維根斯坦的著作不多，但統統擲地有聲；前後期代表作各爲《邏輯哲學論叢》與《哲學探討》，分別開創出英國分析哲學和語言哲學兩大路數。此外尚有兩種小書《藍皮書》及《褐皮書》，前者近年曾被寫入金獎科幻電影「機械姬」（「人造意識」）劇情中，化身爲全球最大搜尋引擎公司的名稱，並出自機器人之口。范光棣的論著對維根斯坦前後期思想作出全方位解讀，以致譯者認爲改名爲《韋根什坦哲學》更恰當。但維根斯坦並不只是邏輯學家，他其實相當關注傳統形上學和倫理學問題，而代表著作皆採標號次第羅列，言簡意賅，彷彿老子《道德經》五千言，甚至禪宗公案。老學長東海大學教授陳榮波，便以維根斯坦與禪宗思想進行比較研究撰寫學位論文，讀來相當引人入勝。對禪宗的認同令我欣賞維根斯坦的神祕性格，後來從傳記中更得知他年輕時便喜讀叔本華，果然十分另類。

卡普蘭
《哲學新世界》

　　碩士班畢業前為我帶來哲思啟發的最後一本書，是洛杉磯加州大學教授卡普蘭的《哲學新世界》。此乃他教大學生通識課的講義，以九個講次全面引介世界哲學，包括西方、印度與中國哲學，以及佛教和禪宗，更特別的則是將精神分析並列其中。各講次結尾都附有答客問，使師生對話更形深入。課程不意外地從實用主義講起，接著為分析哲學；之前萊興巴哈也曾任教於該校哲學系，終究不脫美國實用傳統。但是卡普蘭更樂於走出哲學門牆之外，把當時流行的存在主義思潮，以及將世界分成兩大陣營的共產主義一併納入。尤其是後者，十九世紀中葉，兩名年輕哲學家馬克思與恩格斯，分別為三十歲及二十八歲，替一個革命社團起草〈共產黨宣言〉，卻在七十年後的俄國大革命，以及百年後的中國內戰中，發揮出驚人的啟蒙與刺激作用，更澈底改寫了人類文明和歷史，誰說哲學不重要？

　　很慚愧的是，碩二上學期閱讀此書，方才把我讀了五年的哲學課程融會貫通；這種哲學通識，反映出我在專門學習中的見樹不見林。更值得一提的妙事，乃是此書中譯者孟祥森對基督宗教的「文化侵略」相當不以為然，便在〈譯者註言〉內強調自己把

「上帝」音譯爲「高特」、《聖經》意譯爲《紙草經》。當時我就覺得這種做法很另類，卻百思不得其解。多年後才得知孟祥森是我的研究所第一屆大學長，跟我大學時系主任同班，算來比我高十六屆。既然是天主教科班出身，爲何對基督宗教光火呢？原來他當初研究的是十九世紀丹麥哲學家齊克果，而這位作爲存在主義先驅人物的基督徒，對當時保守的天主教批判甚烈。偏偏孟祥森在天主教大學以他大作文章，當然會處處碰壁。後來我在圖書館搜尋到他的碩士論文，發現學長足足比別人晚了三年畢業，難怪要拿天主跟經典出氣。

孟祥森畢業後去花蓮教中學，娶回自己學生並生了一群小娃兒，讓他們在海邊自由玩樂成長，果眞另類教師。他以本名或筆名孟東籬又寫又譯，其《佛心流泉》將禪宗三種基本經典《心經》、《金剛經》、《壇經》，改寫爲白話並加詮釋以普及推廣，是我瞭解禪宗思想的方便法門。我必須承認，二十有五準備寫碩士論文之前的十年間，自學方案大多流於「好讀書不求甚解」，涉獵多未深且常隨緣流轉，從眼前所列他人著作看，便知我的一貫偏狹膚淺。其實我很早便覺悟到自己永遠不可能成爲哲學家，因爲不夠也不想用功。三十有八爲寫教授升等論文辛苦鑽研五載，連得三年國科會甲種研究獎勵，是我此生在學術界僅有的輝煌成果與時期；資格一旦到手，便樂得自行其是、自求多福去了。包括學位及升等論著，至今總共撰寫了三十三部著作，不少借題發揮，以下即對個人著作予以自我表述吧！

科學人文

（1978-1997）

　　老後寫書以集個人思想之大成，盡可能忠實地描繪出大半生好讀書卻不求甚解的心路歷程，除了對幾本讓我受到深刻影響的他人著作借題發揮外，主要就是想就自己撰寫的著作進行回顧、反思與批判；這包括碩、博士學位論文，以及升等代表和參考論著。「我思故我在，我手寫我心」；既無意成為哲學家，乃以「思者醒客」自居，不斷書寫用心之所得，數十年如一日，希望立言以不朽。中山說主義是「思想、信仰、力量」，耶穌說信仰是「道路、真理、生命」；積數十年之體證，我找到了自己的主義和信仰，那便是「天然哲」，凝聚而為「大智教」。如今我嘗試通過講述自己對宇宙與人生種種之觀解，以文會友，說與有緣人聽，希望自度度人安身立命了生脫死。1978年準備撰寫碩士論文，1997年通過教授升等，十九年間僅完成四部論著，卻是學術生涯起點，歸為「科學人文」時期。

　　「科學人文」探索科學技術與人文社會的關聯，如今已發展成為一門新興學科「科學人文學」，更可細分為各門科學與人文學科的跨領域對話。跨領域研究過去要從事「科際整合」，不能只站在自己所屬學科的本位立場看問題，而必須盡可能地涉獵對方領域。此等治學工夫說著容易，做起來卻甚難。畢竟人類知識的自然、社會、人文三大領域分工已行之一兩百年，各領域諸學科早就不斷深化，學者專家皓首窮經，終身也只能通透一小塊，想跨出去撈過界恐怕比登天還難。但是說也奇妙，進入二十一世紀後，學術圈竟然興起分久必合的策略，大學各系所嘗試互相拉拔共設學程，而通識教育和生命教育也日益受到重視。回想我在生涯起步時因為從事科學哲學研究，在各種門戶之見中深覺裏外不是人；到如今卻以應用哲學之名出入自如、左右逢源，不禁感到

「十年河東，十年河西」的隨緣流轉。

這十九年間我所完成的四部著作，三部分別爲碩、博士學位論文及教授升等代表作，另一則爲參考作。它們的共同特色正是跨領域的科學人文研究，包括生物哲學、物理哲學以及護理哲學；尤其後者讓我認識女性主義，視野逐漸大開，研究典範也隨之轉移。而升等參考著作《性愛、生死及宗教》不但涉及佛洛伊德相當關注的愛欲與死亡議題，也讓我用心對宗教學作出系統考察。我自認頗有宗教感，先後接觸過基督教、天主教和佛教；後者甚至皈依受戒，但到頭來終究因緣未足而漸行漸遠，以至放下捨得。耳順之後大澈大悟，乃拈出大智教化作爲暮年餘生爲之奉獻的事業與志業。大智教化是生命教育的擴充與升級，我當上教授後轉而從事生死學研究，學術生涯遂由科學人文過渡至生命教育時期。但此二者仍走在理性知識途徑上，隨著體制學界腳步起舞，令我不時嚮往另類海闊天空。

《自我與頭腦——
卡爾波柏心物問題初探》(一)

　　1979年5月我以一冊大約四萬字的論文《自我與頭腦——卡爾波柏心物問題初探》，通過口試取得碩士學位，當時尚未滿二十六歲。若用現今的學術標準和規範來評斷，我的處女作恐怕不及格，畢竟形式與內容皆不達標，彷彿草草了事。

　　雖然論文後來分三期連載於《鵝湖月刊》，算是正式公諸於世，但我仍不免汗顏其品質之粗糙。不過話說回來，於今回顧舊作，竟然能夠發現四十餘年來一心所繫的思想上之關注，此即「宇宙與人生」，論文中即反映於「心物問題」上。「心物問題」又稱「身心問題」，是很古老的西方形上學問題，追問人的身體與心靈究竟是一元、二元或多元。十七世紀法國哲學家笛卡兒主張二元論，將身體視為一座精密的自動機器，唯有心靈方能展現人之所以為人的真正作用：「我思故我在」。而現代醫學偏重於診療修復身體的傳統，則源自笛卡兒的機械觀。

　　1977年夏天考取碩士班後，我雖然胸有成竹地想研究波普，卻對他的邏輯和政治思想不甚在意，而其物理哲學又太深奧。正在猶豫之際竟然天降甘霖，原來他跟澳洲諾貝爾獎得主神經科學家愛克斯合著的《自我及其頭腦——一種互動論的論證》，正巧於

當年在德國問世。從學術期刊得知消息後，我立即委請圖書館代購，不久新書寄達，便展開土法煉鋼式的辛苦研讀。必須承認自己的外文能力始終不足，以往讀洋書常寄望中譯本，如今手握一冊剛出版的英文新作，想拿來當研究題材，只能一步一腳印查字典爬格子了。我的研讀方案是從翻譯下手，但該書光是波普獨自撰寫部分就有十五萬字，逐字對譯不切實際，乃採取「小題大作、避重就輕；劃地自限、自圓其說」的方式，摘錄微言大義，從而半譯半寫，到頭來終於集成一篇兩萬五千字的鑽研材料，構成整本論文篇幅的五分之三。

　　不瞞大家說，上述「四句教」正是我日後指導研究生撰寫論文的基本原則，事實證明運行無礙；不過我自己卻經常反其道而行，尤其是為推廣大智教化的借題發揮。寫論文不似寫作文，必須要引經據典，作為研究成果的佐證。一般而言，引述和自撰的分量至少一半一半，過與不及都未妥。而寫作格式也有一定要求，在哲學上講究的是有效論證，其形式類似口語中「因為……所以……」，亦即由合理前提導出有效結論；至於引經據典就是要提出有力論據，而非自說自話。依此觀之，我的碩士論文不達標之處，在於把波普全書的觀點加以濃縮，然後逕予評論；這其實只算是導讀和評介，缺乏分析研究。但由於四十多年前學術規範尚未充分建立，我這種以譯代著的成果，在三位口試委員自由心證下勉強過關，平均成績尚不足八十；相較一名研究佛學的同窗拿到九十五分，著實顏面無光。

《自我與頭腦——
卡爾波柏心物問題初探》(二)

　　以譯代著雖然不甚可取，但自認這本初出茅廬之作，還是表達出一定的觀點與立場，那便是「科學人文主義」。「科學人文」是我在學術道路上所貞定的第一種「主義」，通過博士研究和教授升等不斷深化，維持長達近二十載「理性求緣」階段的前期，如今視之爲心智的「外爍」，亦即向外尋找認同的標竿。其後雖然改弦更張走入生命教育園地，但一開始還是有十餘年光景不斷外爍，嘗試向體制內的主流觀點靠攏輸誠，套句米蘭昆德拉的話說，「媚俗」是也。「理性求緣」的後期我從「科學人文主義」轉向「人文自然主義」，從而拈出回歸本土文化的「華人應用哲學」，卻仍然侷限在官方政策方向的框架中，尚未能開出自家本事。一直要到五十有五父母先後辭世，我才逐漸領略出反璞歸眞「悟性貞定」的空靈境界，從而步入以「後科學人文自然主義」爲核心價值的「大智教化」時期。

　　大智教化是科學人文通過生命教育的最終產物，具體表徵爲觀照宇宙與人生的大智教，這正是眼前新書寫作的宗旨。反身而誠，大智教就是我心目中以「後科學、非宗教、安生死」人生哲理爲中心思想的的人生教。回憶五十三年前剛考上高中，不時到臺

北市牯嶺街舊書攤去尋寶，從此展開終其一生的自我教化修養工夫。十年後撰寫碩士學位論文，在閱讀波普、維根斯坦、杜威、卡納普、莫諾等人的論著中，提煉出科學人文主義的奧義並非偶然，或可視爲心智成長的必然。之前十年「感性認同」時期所嚮往的「存在主義─道家─禪宗」三位一體人生哲理，不正是人文主義的體現嗎？法國哲學家沙特曾撰有〈存在主義是一種人文主義〉，予我極大啓示。沙特爲無神論者，否定西方文化中那位唯一眞神；身處東方文化社會，我始終認爲沒有什麼好否定的對象，各種信仰無不屬於美感體驗。

我的「非宗教」思想主要效法蔡元培「以美育代宗教說」，「安生死」則屬大智教化自度度人的一貫任務；它們都緣起於年輕時研究波普，自一些當代學者的著作中所歸納出的科學人文觀，到如今則升級爲「後科學」思想。碩士論文《自我與頭腦》闡述波普《自我及其頭腦》所秉持的「身體、心靈、文化三元世界互動論」，波普對傳統形上學心物問題，提出了多元而非單元的解答。單元主義採取「化約」觀點，將社會文化和心智活動都簡化到身體功能上，這是相當唯物的論點。波普反其道而行，由書名即可看出，頭腦身體其實大幅受到自我心靈主導；尤有甚者，心靈活動更不時被社會文化制約，三者呈現相互影響共同作用的關聯，此即「三元互動論」之眞諦。互動代表開放，波普以《開放社會及其敵人》一書，楬櫫捍衛自由民主政治經濟社會的用心，至今仍蔚爲英國政黨政治的重要標竿。

《宇宙與人生——
巴柏的存在哲學》(一)

　　兩年碩士班學術生涯淺嘗即止，之後五年我去當兵、做雜誌記者，期間還曾短暫留美一學期，改行念心理學。不是我放棄哲學，而是覺得心理學更有人味，且入伍的1979年正好為心理學脫離哲學一百歲。不過年近而立改行不易，三十出頭還是決定吃回頭草，報考哲學博士班，從此跟愛智之學結下不解之緣。考取便辭掉工作背水一戰，一年後結婚主要靠太太養，同時在輔仁、東吳、實踐三所學校兼課，以賺取微薄生活費。當時碩士可以當講師教大專，我除了教大學日夜間部，還面對過五專小女生。講師生涯總共四載，我算是爭氣，三年半便完成學業，取得正宗哲學博士學位，並於三十五歲那年進入銘傳商專擔任副教授。怎麼也不會想到跟銘傳的緣分竟然長達三十三載，至今雖已入老三個寒暑，仍有幸被邀請返校出任客座，延續了大智教化的慧命，唯有覺得應當感恩惜福積德才是。

　　當年念博士班的人很少，功課重不說，一切都是硬碰硬；在天主教傳統下的輔仁讀哲學，除了必須學第二外語，還得修習拉丁文。我在學期間花了兩年修課，然後通過資格考，接著便以一年半時間全力以赴寫論文。當初入學考繳交研究計畫，我就表示將

繼續研究波普，有始有終。我對波普情有獨鍾的原因有二，首先
爲他是二十世紀難得一見的「通人」，加上又長壽，因此有充裕學
術生命，優游於人類三大知識領域的瀚海中；其次因爲他本係奧
地利人，且深諳邏輯推理，自德文改以英文寫作，表現出難能可貴
的清晰與精簡，讀來毫不費力。其實我所接觸的通人還有杜威，
他的行文雖然相當典雅，卻冗長不易親近。我的外語能力差，對
深奧的學院哲學又力有所不逮，遇見肯定並主張「常識」的波普，
立覺如魚得水，遂想進一步加以探究。這回不是只關注他的後期
思想，而是全方位鑽研。

　　博士論文以《宇宙與人生——巴柏的存在哲學》爲題，一上
來就犯了沒有小題大作的大忌，口試時立刻被委員評得滿頭疱。
但是我擇善固執針對宇宙、人生、存在等主題大作文章，反映的
正是自己從有識之日起的心之所嚮。主意既定，想全面研究波普，
就必須盡可能蒐羅他的所有著作；所幸之前有人幫他編纂出完整
書目，跨度長達半世紀，我只要按圖索驥就成。波普爲猶太裔，出
生於上世紀初，二戰時避禍遠走紐西蘭，從德文改以英文寫作。
我不諳德文，好在他把本身最重要的德文著作自行翻譯成英文，
相當忠於原著。問題是我入學的1984年，國內不但少見他的著作，
中譯更是缺乏。當時不像現今可以上網搜尋，只有出國蒐集一
途。於是我便利用二下暑假前往美國，在曾經短暫就學的學校停
留近三個月，影印上千頁文獻，可謂滿載而歸。材料已盡可能找
齊，剩下就看如何料理了。

《宇宙與人生——
巴柏的存在哲學》(二)

　　一年內我幾乎讀遍波普著作，再花四個月一氣呵成十二萬字論文；恩師依然慈悲為懷，僅提出少許意見，並未作出大更動。畢竟是計劃書寫，理論架構很重要；我因為對波普所有著作自編分類索引，所以能夠有系統地掌握住其思想的微言大義。論文通過宇宙與人生的雙重視角，研究波普的存在哲學；他心目中的「存在」，屬於傳統哲學中相對於「本質」的普遍概念，而非如現代存在主義特別標榜的個人之存在，不過二者仍有相通之處。論文既然是全方位研究，有必要把握「抓大放小、去繁從簡」原則撰寫，以避免小題大作可能發生的掛一漏萬。全文參考文獻共有二百四十六種，跟我日後升等著作引用三百種幾乎不相上下。而既然要在學術規範下進行語文遊戲（維根斯坦語），必須奉行流行規矩。當時要求研究西方哲學要盡量採用原典，我便引述大量一手資料，並標明頁碼以示負責。

　　寫學位論文幾乎就等於在著書，日後可能出版。未料我的博士論文命運多舛，歷經十八年才以《波普》之名公開問世，但只包括原作的四分之三。其餘四分之一主要是以波普思想跟天主教哲學作出對比，很早便刊載於《輔仁哲學論集》內。論文的核心內容

包括兩部分：〈巴柏存在哲學的背景〉，依「形上學、知識學、倫理學」次第討論；〈巴柏的存在哲學〉，則對其「真理、理性、實在」三大概念加以闡述。波普發展出一套「常識實在論」，用以對傳統哲學撥雲見日，希望將附著在「身體、心靈、文化三元世界」上面的神祕玄想氛圍盡量掃除。他所使用的工具是「理性」批判，進而發現經過嚴謹邏輯檢證的「真理」，以及「實在」的世界。在我看來，這是一套平易近人的哲學方法與治學態度，相對於史上以及圈內那些玄之又玄的議論，無疑高明許多，也因此我希望將之說清楚講明白。

若對西方文明史加以回顧，哲學正是百學之王；事實上在西方學術傳統中，什麼都隸屬於哲學，也因此到如今任何人拿到專業以外的學術學位，均稱作「哲學博士」。如果說有其他學科一開始就足以跟哲學分庭抗禮，大概只有數學；但是數學到了十九、二十世紀之交，也經由邏輯演算跟哲學產生關聯。波普正係從研究「科學發現的邏輯」展開其學術生涯，這也是早年代表作的名稱。他年輕時當過中學老師，教的是數學和物理；當老師要念心理學，而他的博士論文研究主題便是思維心理學。經由學習上的自覺，他發現邏輯思考追求客觀，心理活動卻不脫主觀。當科學知識決定了人類文明的進程，就有必要盡量擺脫主觀成見的影響。人們經常採用的歸納思考，就被他視為一廂情願的心理作用而應避免。但是身為人又不能不主觀地關愛他人，於是為「科學人文主義」留下了餘地。

《宇宙與人生——
巴柏的存在哲學》(三)

　　在《宇宙與人生》中，我用哲學三大分支學科爲架構，去考察波普全部思想，發現頗具特色的「常識形上學、演化知識學、人本倫理學」。不過這也反映出我在傳統學術建制下的思維模式，明顯地忽略了美學，尤其是人生美學。當年哲學系將三大分支列爲核心必修，規定學分甚重；美學卻僅選修，且只談藝術美。這種不看重美感體驗的愛智態度，連波普也不例外；他僅用了極少篇幅討論藝術，強調的還是文化世界三之內的客觀性。其實將「眞、善、美」相提並論乃是古希臘哲學家的貢獻，但是西方哲學長期走在理性思辨的發展途徑上，幾乎完全忽視情意的「美」之重要；作爲分支學科的美學，直到十八世紀才出現，由此可見傳統哲學家的一貫疏忽。然而從大智教立場看，「人生美」恰恰是整個信仰的核心價值；通過「由人生看宇宙」的進路，方能直透生命的意義與價值之本原。

　　大智教以「後科學、非宗教、安生死」爲中心思想，宣揚「天然哲」作爲華人安身與了生實踐的思想依據，其中的「人文自然」觀點體現出「儒道融通」生命情調，以莊子看破看透看開的豁達人生美學爲核心價值，落實至人間世的「儒陽道陰、儒顯道隱、

儒表道裏」的處世之道，最具代表性的人格典型便是「陶白蘇」三位。這套「愛智慧見」是我在五十有五前後，逐漸由圈內的知性生命教育時期，向化外的悟性大智教化時期過渡之際，所產生的靈性開顯。它完全不帶神祕性，純屬「退一步海闊天空」的反身而誠；不過當時也的確受到另一部他人著作啓蒙，後文將會提及。以撰寫碩、博士論文兩度研究波普，他可視爲我的學術私淑對象。但正如維根斯坦所言，藉著梯子登高望遠，必須學會扔掉梯子。這就等於過河拆橋，我後來正是如此看待波普，從而海闊天空地開出自家本事。

　　波普的思想不是不好，而是不足。這幾乎是我對所有西方哲學家的看法，極少例外爲美國新實用主義思想家羅蒂。稱其爲思想家而非哲學家，是因爲他自覺地掙脫狹隘哲學圈，並向上揚昇至整個文化界，而成爲當代跨領域的重要思想家。至於自外於學界的叔本華，以及跨界演出的存在主義作家，都比學院派更懂得參透人生。在我看來，哲學與其列出大小分支進行教學，不如回歸初心，以「本體論、認識論、價值論」三大面向考究世間問題，同時不問超性之事。尤有甚者，身處二十一世紀科技掛帥、智育當道、連人工智能都有長足發展的時代，應當讓認識論先行，確認自己的立足點，再深入處理本體和價值，亦即宇宙與人生的問題。「我思故我在，我手寫我心」，思維主體的角色釐清後，其發言內容始有針對性及參考價值。我的「天然哲」受惠於波普的「科學人文主義」，進而超越他。

《波普》

　　任何一門宗教信仰無不許諾信眾生前死後之種種，另類的大智教亦可作如是觀；但身爲大智教化主，我所宣揚的卻是澈頭澈尾的現世主義，「人死如燈滅，存在即自知」，一如傅偉勳對儒道二家現世主義的描繪：「**兩者對於有關（創世、天啓、彼岸、鬼神，死後生命或靈魂之類）超自然或超越性的宗教問題無甚興趣，頂多存而不論而已。**」大智教的許諾正是不許諾，此即反諷式擬似宗教的一貫態度，標榜反諷的靈感便來自羅蒂。羅蒂主張完全解構學院哲學，僅留下純屬自我貞定的個人哲理，此等立場相當激勵人心。長期以來我對既有哲學的看法正是如此，但仍寄望「天然哲大智教」作爲人生哲理有助於世道人心。波普的人生論一如他的宇宙論，是完全屬於此岸現世的人生哲理。他呼籲世人善用理性批判的方式建立開放社會，勿嚮往彼岸的天國或烏托邦，這使他堅決反對共產社會。

　　我於1988年初通過博士論文口試取得學位，並在三個月內順利謀得銘傳教職；安身不成問題，立命則未可知。十八年後不含宗教性內容的四分之三論文，終於以《波普》爲名小書形式問世。此刻我的心路歷程已通過第一回心智典範轉移，同時正在向第二回接近，其思緒大致反映在這本小書的〈緒論〉和〈後記〉中。簡

單的說，前者體現出我從英美哲學轉向歐陸思想，後者則記錄下由西方科學哲學向華人應用哲學的過渡。出版本書等於向波普揮手告別，當時我已步入知命，靈性開顯指向自度度人安身立命了生脫死的大智教，勢必要對波普過河拆橋。雖然波普哲學是我的學術生涯方便法門，但非不二法門。我通過他開啓教學與研究事業，再歷經心智典範轉移寫出升等論著更上層樓，終究還是得等生命情調出現另類抉擇，才算真正自我貞定。選擇提早離開職場，方得潛心醞釀大智教義。

《波普》的〈緒論〉參考了我的升等論著首章，講述自己在科學哲學研究中如何從主流走向另類，如今看來屬於「後現代轉向」。波普思想雖頗具批判性，但其科學哲學仍被歸爲現代的「邏輯主義」；一九六零年代以後他受到來自後現代「歷史主義」的批判，其歷史地位遭逢顛覆，予我極爲強烈的啓示。想到自己長期追隨的大哲通人在世紀之交被淡出，不禁感慨繫之，遂於〈後記〉中寫下：「縱觀波普一生的言行，他帶給我的感受即是『擇善固執』：認爲對的道理便堅持到底。……波普花了一生精力去跟別人討論甚至爭議，有時不免顯得無的放矢，但終究成就一家之言。……波普讓我得到最大的啓發與收穫，則是哲學的全方位關注。」哲學關注宇宙與人生，波普引領我認識「科學人文主義」西方科學哲學之蘊義，爾後始有我自創的「後科學人文自然主義」華人應用哲學之誕生。

《護理學哲學——
一項科學學與女性學的科際研究》
（一）

　　三十有五之年獲頒博士學位，並謀得正式教職，十載曲折學術生涯總算步上正軌。副教授薪水是過去幹雜誌記者兩倍，當初辭職專心學業的投資不失為正確選擇。年輕時功課差，得不著老師的青睞，也從未有當老師的念頭。而念文科的出路甚窄，不是要筆桿就是要嘴皮，結果我都經歷過，先當記者後做老師。我的全職教師生涯起步，是在銘傳教五專小女生公民及三專大女生國父思想，對商專學生而言皆屬無關前途的邊緣功課，於我卻是安身立命的教學內容。但由於初任教職被安排兼行政小主管，成天在校坐守，成為標準教書匠加上班族，研究工作遂無以為繼。如此這般度過三年，學校已經改制升格為學院，進入大學層級，開始對教師的學術成果有所要求，終於讓我感受到升等壓力並起心動念。當年要征服的高山只有一座，升上正教授看來似乎就高枕無憂了，問題是如何達成目的。

　　正在為前途猶豫之際，同事介紹我去附近的臺北護專兼課教人生哲學。難得的是護專學刊編輯居然熱心向我邀稿，原來她們也在爭取改制升格。護理跟醫療息息相關，在我眼中也算是科

學，同樣可以研究其中的科學哲學。爲搜尋寫作題材，我進入護專圖書館找靈感，未料竟然爲我的學術生涯開啓了一扇窗，從此大放光明，並且源源不絕。當年我借得一冊大部頭英文專書《理論護理學》，講的正是護理的哲學。這使我想起劉述先對「科學的哲學」與「科學底哲學」之分判，正得以運用到護理跟哲學關聯上。簡言之，「護理的哲學」在國內護理界被譯爲「護理哲理」，亦即足以影響護理專業發展的自家理論；而「護理底哲學」則是護理科學哲學，可稱作「護理學哲學」。我據此對後者從事五載潛心研究，完成十二萬字升等論著，題爲《護理學哲學——一項科學學與女性學的科際研究》。

我在銘傳的起步身分是相對邊緣的通識課程教師，沒有可以支撐研究的專門科系，未料升等因緣竟然是靠他校的學術資源，而研究主題仍爲極度邊緣的科學哲學。教授升等要求最短期間是三年，我從《宇宙與人生》走到《護理學哲學》卻足足花了九載；它們同樣屬於「科學人文」時期的作品，其性質卻有著相當大差異，關鍵就在於後者所納入的女性主義另類視角。根據統計，九成以上女性爲主的護理專業，占有衛生保健人力資源近半，所受待遇與社會地位卻相對低落。爲爭取專業有效發展的空間，西方護理學者相當用心地從事理論建構，同時爭取職場權益；爲達此目的，作爲後現代思潮的女性主義，成爲極重要的思想和行動利器。我若不是從事護理學哲學研究，肯定不會接觸到如此另類的思想，也就難以產生日後一連串心智典範轉移。升等代表作與參考作，明顯反映出此一轉變。

《護理學哲學——
一項科學學與女性學的科際研究》
（二）

　　我研究波普是在1978至88年間，當時科學哲學內部出現典範轉移已有十數年之久；但是一頭栽進他的宏大理論中，我對外界變化大致無感。三年後重拾書本為升等打拼，意外接觸到護理學哲學，由此展開另類研究。這時我所面對的典範轉移，包括科學哲學由邏輯主義轉向歷史主義，以及研究方法由理性分析轉向意義詮釋。「典範轉移」之說來自美國科學史學家孔恩，意指當一門學科的信念系統有所改變，連帶影響及研究路線與結果；例如物理學由笛卡兒的推力轉向牛頓的拉力、由牛頓的絕對時空轉向愛因斯坦的相對時空等，都根本改變了人們的宇宙觀。而孔恩正是引導邏輯主義轉向歷史主義的關鍵人物，他於1965年跟波普有一場世紀之辯，雖然雙方各執一詞，各行其是，但從知識發展史回顧，波普的思想已不合時宜，集史學、哲學、社會學於一身「科學學」乃應運而生。

　　《護理學哲學》共分二部六章，首部為〈綜論性觀點〉，討論科學哲學的英美與歐陸兩大學術傳統，並拈出女性主義科學學作為研究典範，進而建構出女性主義的護理學哲學；次部〈分論性

觀點〉則分研究方法、方法學、知識學三層次，深化探究護理學哲學。但這本升等代表作僅處理了哲學中的知識學，並未涉及倫理學；護理倫理學相關論述，另行納入升等參考作《性愛、生死及宗教》內，自此銜接上我後來長期關注的生死議題。由於在銘傳升等，兩部著作商請學校於1996年出版，但僅屬內部發行。七年後代表作被專門出版醫護著作的華杏公司列為教科書改寫上市，更名為《護理科學哲學》，提供研究所的理論課之用。護理屬於專業實務導向學科，專科及大學生學臨床都來不及，很少安排理論課。我的書大概只有研究生派得上用場，自己也的確受邀前往臺大及成大護理所演講。

　　現代護理學由南丁格爾在十九世紀中葉所創，納入大學獨立設系則是二十世紀以後的事情，最初只能列在醫學院之內。由於醫學的科學性極強，醫學教育及研究遂有相當嚴格的學術要求，護理寄人籬下常未達標而不能不低頭。上世紀中葉以後，一群英美護理學者形成高度自覺，並在全球範圍內追求共識，終於創生重大典範轉移；其所採取的新興立場正是女性主義，並特別看重其中的「關懷」論述。一九八零年代初期，兩位美國女性主義教育學者吉利根和諾丁斯，不約而同先後出版《不同凡響》及《關懷倫理》二書，揭櫫了作為倫理學最新流派「關懷論」的誕生。護理因此受到莫大激勵，遂拈出「關照」（care／caring）為自家本事，而與醫學「診療」（cure／curing）構成互補互利的核心價值與競爭力。此後護理學設置學院及博士班，終於打造成道術兼具受人尊敬的「助人專業」。

《護理科學哲學》

　　由於到護專兼課，就近意外淘到知識寶藏，不但改變了研究典範，也引領我走向生死學與生命教育光明坦途，進而開創出大智教化的勝景。從事護理學的科學哲學研究以撰寫升等論著，其學術標準與規範較之博士論文更上層樓，我必須戒慎恐懼，從善如流。首先面對的就是形式要求，必須運用一手資料方能取信於人。對此我發揮出前所未有的蒐集工夫，在網路搜尋尚未普及完善的上世紀末，幾乎跑遍雙北各大護校和醫院，盡可能影印出之前十年所有關於護理與哲學跨界研究的英文書籍和論文，而最具代表性的論著正是《理論護理學》。該書作者梅萊雅為舊金山加州大學資深教授，近六百頁鉅著博大精深，將護理學跟哲學融會貫通，讀來頗具挑戰性，而一旦通透立覺道喜充滿。梅萊雅係埃及裔，在美國面對性別主義、種族主義、階級主義三座歧視大山，不平則鳴之聲令人振聾啟聵。

　　從「天然哲大智教」的立場回顧，我的學術生涯「科學人文」時期是在上世紀末逐漸過渡至「生命教育」時期；1996年升等論文出版次年，我從銘傳轉往南華服務，擔任生死學研究所創所所長。正是在所長任內接獲通知升等過關，年資且往前追溯一年至送審之初。由於南華草創，教師結構不完整，我這個菜鳥教授竟

於第二年便被委以教務長重任；雖爲畢生最高職位，卻仍屬行政服務。此生寧爲自了漢不求聞達，但二十五年半專任教職中，卻有十一年半兼行政工作，成爲類似中高經理人的上班族。「無求於人，亦不爲人所求」的理想，變成「既管人，又被人管」的現實，雖然無可奈何，卻讓我對白居易中年所領悟的「中隱」之道深有所感，進而將之納入「天然哲」中心思想之一「安生死」在安身立命方面的生命情調之抉擇。我主張人過中年擁有中產必須力行中隱，以尋回生命本眞。

中隱之道的眞諦是人過半百宜「不積極作爲」，但非「積極不作爲」；前者自覺靠邊，後者渾水摸魚，人生境界大不同。此等自覺來自生命情調的抉擇，正如存在主義作家卡繆所言：「只有一個哲學問題是眞正嚴肅的，那就是自殺。判斷人生是否值得活下去，就等於答覆了哲學的根本問題。」我將這段話引述於博士論文頁首，與波普的話並列：「所有的人都是哲學家，因爲每個人對生與死都各自持有某種態度。」而在《護理學哲學》序言〈邊緣人的邊緣思考〉我則寫道：「我是哲學的邊緣人，也是大學的邊緣人……。『邊緣性』是我一貫的存在情境，就讓有緣人一道來從事邊緣的思考罷！」到了改寫增補的《護理科學哲學》結尾處，我更表示自己「對護理學術及教育提供了一系人本存在主義與女性主義的反思視域，可視爲科技與人文對話的嘗試」，此後便展開談生論死的另類生涯。

《性愛、生死及宗教——
護理倫理學與通識教育論文集》
（一）

　　升等代表作於1996年春季出版，趕在學期結束前送審，結果一年加半載後始得通過，期間還包括被要求進一步補送參考著作。該年秋天我將之前一年內所撰寫的研討會論文編纂出版，題為《性愛、生死及宗教——護理倫理學與通識教育論文集》；該書其實係無心之作，如今回顧卻發現它巧妙地扮演了我的學術生涯從科學人文期過渡至生命教育期之橋樑，因其內容預見了日後發展方向。對於當時的出版緣起和心路歷程，我在〈自序：從心為形役到知德合一〉中有所描述：「最近這幾年我強調自己是在教『應用哲學』，從事『科際研究』。……回想自己退伍後十五年來『心為形役』的就業生涯，總覺得生命跟學問不太搭掛。……（後來）逐漸領悟到知德合一的『生命的學問』乃是通識教育的真諦，亦為落實德育的不二法門。」次年生命教育在國內應運而生，適時延續了我的生涯慧命。

　　參考作所結集的四篇長論文，至少涉及護理學和宗教學，貫穿其中的主題則為性愛與生死。「愛欲」與「死亡」的關聯一向為佛洛伊德所看重，尤其他早期從「泛性論」出發，去考察人的

意識與意志，無疑受到叔本華影響。我寫論文補充了代表作的不足，強調應充分發展護理倫理學，可以將性愛與生死議題納入護生通識教育而落實倫理關懷。當時我發現醫學系和護理系都有專業倫理課，且二者各主張專業發展應觀照「生物、心理、社會」及「身、心、靈」諸面向不可偏廢。這予我極大啓示，遂於日後建構生死學論述時，參考直接涉入個人生死的醫護專業觀點，拈出生死學的「生物—心理—社會—倫理—靈性一體五面向人學模式」，作爲教學的課程架構。在大學講授生死學通識課至今已超過四分之一世紀，我仍採取此一模式爲方便法門，跟年輕朋友進行心靈會客，始終能夠道喜充滿。

　　高中時代除了追求「存在主義—道家—禪宗」三位一體的另類人生境界，我其實還對精神分析感到興趣，這也是爲什麼日後除了哲學還想念心理學的原因，而且還眞的出國短暫留學。佛洛伊德是醫師而非哲學家，但是他所開創的精神分析卻頗具哲學味，以致讓卡普蘭都將他納入《哲學新世界》單獨列一章。佛氏思想受到叔本華影響應無疑義，但他卻矢口否認，反倒予人此地無銀三百兩之感。事實上他又相當推崇哲學家尼采，而尼采早年深爲叔本華代表作所觸動，也是眾所周知美事一椿。佛洛伊德有本《性學三論》在臺灣成爲暢銷書，或許拜書名之賜，但內容卻頗深奧。有趣的是該書譯者精神科醫師林克明竟然題獻給Regina，而她正是讓齊克果備感疏離下絕望退婚的無邪少女。存在主義先驅在探索存在奧義時卻爲情所苦，中年後更鬱鬱以終，令我對個人存在之愛與死深深著迷。

《性愛、生死及宗教——
護理倫理學與通識教育論文集》
(二)

　　大智教推廣大智教化以宣揚安身與了生之道，近年我拈出「生命」與「關懷」兩大理念，作爲「新生死學」和「新生命教育」的核心價值及競爭力，對此我已先後出版二書作爲傳教布道之用。大智教是擬似宗教的非宗教，以反諷之姿標榜吸睛，信不信由人。其實當我在耳順之年提出大智教化論述，用以作爲生命教育的民間版、成人版、擴充版與升級版之後，就有好事者表示宗教味太重，從而失去閱讀興趣。這種先入爲主的心態，意味著彼此無緣，而我寫書是爲了以文會友，善結有緣人；當人們看見書名便放下，就表示心中有結，只得以無緣視之。但反身而誠，我發覺自己對宗教信仰，彷彿也抱持著類似態度，終於領悟到想影響人心勉強不得，因緣俱足自然出現靈性開顯。了悉此點我便持續著書立說，希望廣結善緣以傳播大智教。「吾乃教化主，我手寫我心；存在即自知，無過與不及。」

　　我自稱「大智教化主」並非想當教主，而是受到白居易因爲詩文平易近人遂被封爲「廣大教化主」的啓發。樂天是我心目中「陶白蘇」三位人格典型之一，尤其是他的中隱之道更令我心儀，便

於尚友古人之餘借題發揮，使之列為我所提倡的大智教化之重要
生命實踐。將生命教育轉化為大智教化，更把其內涵提昇至擬似
宗教教義的地位，多少源自我的宗教感之醞釀。年近七旬的我反
身而誠，發現平凡一生中其實充滿宗教感，並持續發生外爍的宗
教邂逅，卻終究因緣未足而放下捨得。直到花甲耳順前後，生命
情調由外爍反轉為內斂，通過不斷地自我觀照，終於貞定出自家
本事，此即「天然哲大智教」。雖然提倡「生命學問」的新儒家學
者牟宗三，不太贊成將人文主義視為人文教，而他心目中的人文
教正是儒教。若順此觀之，我所倡議的儒道融通人生哲理，大可
視之為人文自然教。

　　長期以來，我對宗教信仰都有一種難以言喻的心理情結，後
來在本土社會學者葉啟政的著作中，發現一辭頗為傳神：「正負
情愫交融」，他的門生則言簡意賅地點出，此乃以含混思考為基
礎的「愛憎交織」。如此一來終於想通了，我欣賞宗教信仰，卻
不喜教團中人；唯一可行之道，就是打造一條純屬個人的擬似宗
教信仰之途徑。基於稟性氣質使然，我堅持現世存在和自由自在
的難能可貴，而對世間主張超越性或泛道德化的宗教信仰不以為
然，更敬而遠之，遂拈出自家人生信念用以自度，至於能否度人則
一切隨緣。我對宗教的系統反思，源自撰寫宗教學相關論文，僅
有的兩篇便收錄在《性愛、生死及宗教》之中。宗教學指出任何
宗教信仰須有「教主、教義、經典、儀式、皈依」五大要件，令我
憶及兩位老同事，一為佛學大家卻不信教，另一為民俗專家則皈
依各教，想來不禁莞爾。

生命教育

（1997-2008）

　　1997新學年我南下嘉義的南華管理學院任教，並負責生死學研究所，跟首屆十名研究生相處甚歡。不久大家面臨選擇研究方向和主題的決定，部分中小學教師異口同聲希望研究生命教育。當時生命教育只是臺灣省政府教育廳所推行的地方政策，來自臺北市的我壓根兒就沒聽說過。既然同學有興趣，我們就把種子學校臺中曉明女中的政策推手錢永鎮老師請來演講，師生因此有了初步認識。曉明是天主教完全中學，學校很早就在從事宗教性的倫理教育，編出國高中六年十二學期完整教材，外加教師手冊共二十四冊。那陣子省府推動生命教育希望立竿見影，就把曉明的倫理教育重新包裝，改頭換面立即啟動，從全省國高中一年級展開教學。當我取得現成教材一讀之下，發現充滿宗教色彩不禁納悶。我在天主教大學待了十載，對之並不陌生，但要全臺中學生都學習此道，實在有待商榷。

　　好在省府政策僅推行一年便因精省而身退，教育部接手後升級為國家政策，主事者由高中國文老師改為大學哲學教授孫效智。不久碰上政黨輪替改朝換代，卻在一位認同該理想的部長曾志朗手中，促成〈教育部推動生命教育中程計畫〉誕生，編列四年一億七千萬預算，總算有機會大展鴻圖。中程計畫到如今已滾動五輪，目前覆蓋2018至2022四個學年；我2020年回聘銘傳擔任客座，即是希望能協助教育所參與投入此一計畫，同時增設博士班。在新世紀作為取代傳統德育的生命教育，無疑是一項良法美意；執行多年雖仍不脫宗教色彩，卻呈現出正向積極面貌，相當鼓舞人心。但我所受的主要為人文學術訓練，身處歸於應用社會科學的教育所，能傳授和指導的只有後設探究，亦即教育史與教育哲學的相關研究。中程計畫對研究生提供獎助，生命教育史哲

或爲可以開發的教研方向。

　　生命教育是臺灣在地的教育政策，由於內容正向，近年也在大陸受到重視；不過對岸絕口不談宗教，而從心理健康教育著手，思想政治教育也會借題發揮。根據我觀察，生命教育在性質上接近「德、群、美」三育之統整；尤其自2019年開始施行的十二年國民基本教育新課綱，既納入綜合活動領域，更規定普通高中的學生必修一學分。有關國內生命教育的演進史，可見於教育學者徐敏雄所著《台灣生命教育的發展歷程》一書，相當值得參考。書中明確載有「教材宗教色彩的爭議」與「對教育部宗教中立性的質疑」等討論，讀來令我恍然大悟。原來官方政策一路走來，竟然充滿教團卡位及路線之爭，道既不同實在不必爲謀，乃決定走自己的路。2008年我應邀在中研院發表論文〈從學生生命教育到教師生命教育〉，標幟出日後走向成人生命教育的態勢，此即大智教化的方向與途徑。

《心靈會客室》

　　南下嘉義任教四載，一朝脫離都會區的緊張繁忙，住進大山下小木屋作育英才，不啻為甫入中年難得的浪漫歲月。但是世事終究無常，四年一覺飄零夢，套用佛家的話說，「生住異滅、成住壞空」而已矣。我在嘉義縣市棲身過兩所學校：南華大學與大同商專；前者創辦生死學研究所，後者籌設以殯葬為主的生命事業管理科，結果功虧一簣，拖著滿身倦容和一車家當無功而返。南華三年半因改朝換代而另謀他棲，轉往大同想另起爐灶，卻時機未熟，半年後打退堂鼓，北返銘傳吃回頭草。就在青黃不接那個寒假，生平第一本正式著作《心靈會客室》意外出版；說它正式是因為冠有國際書碼，足以在圖書館編目上架。但該書卻只贈不售，屬於慈濟教團結緣書隨緣流轉，在版權頁明白載有「贈送結緣・福慧雙修・歡迎助印」的字樣。發行兩年半後竟印至二十一刷，至少有數萬冊流傳於世。

　　「心靈會客室」是我從2000年春季開始在《人間福報》撰寫專欄的名稱，由老同事高雷娜所取，甚為我所喜，一直沿用至今。南華和《人間福報》均為佛光教團所創，雷娜則是我當雜誌記者時的工作伙伴；十八年後她在《人間福報》主編副刊，居然想到向老友邀稿，我當然樂於共襄盛舉。專欄每週一帖八百字小品，十月

四十帖，以文會友，善結有緣人，結果立即被我教過的中央哲學所博士生賴志銘相中，拿到慈濟教團的文化志業中心出版。為充實內容，全書還納入六篇生死學議論，讓知性文章跟情意小品相互呼應。小品係精簡散文，字不宜多，千百為限，這是名作家周作人的經驗談。有此在報端寫專欄的經驗，且有意延續這種寫作風格，日後乃嘗試在自撰教科書的章末，設計一處同名的「情意教育專欄」，持續心靈會客。未料從此一發不可收拾，加上規劃創作，前後已出版七部小品文集。

學生在慈濟任職編輯，很細心地將我的專欄文章分為「情緣、世間、閒趣、生死」四篇，各含十餘帖，讀來既能相互通透且了然於心。此書作為我的生涯發展生命教育時期之始，是因為它係我從通識轉為生死教師後，所問世的頭一部著作。當時官方生命教育藍圖還在設計中，大家仍依循曉明版本「各自表述、各取所需」。我對此無甚興趣，還是關注於生死學；2004年高中生命教育課綱草案出爐，全盤規劃八科十六學分課程，其中「生死關懷」一科正是生死學。《心靈會客室》的出版是在此前三年，載有〈生命教育的定位〉一文，我嘗試分判生命教育與生死教育的殊途同歸，並表示：「若說二者有所區別，不過是『生命教育』較看重『倫理教育』，而『生死教育』多著重『死亡教育』而已。」沒想到社會上至今仍有不少人聽聞「生死」或「死亡」便心生不悅，有待振聾啟聵。

《生死學》(一)

　　在我的學術生涯中接觸到生死學，可說是偶然的必然。讀博士期間去東吳哲學系兼課，透過系主任趙玲玲引介，認識哲學前輩傅偉勳，進而跟作風海派的他結爲酒肉朋友。傅老年長我二十，長年旅居美國難得返臺。其人喜愛熱鬧，一旦同故舊相聚便不醉不歸，可謂性情中人。他於耳順之年得知罹癌，竟發心撰述，意外創立一門新興學科，爲其冠上「生死學之父」殊榮。代表作《死亡的尊嚴與生命的尊嚴——從臨終精神醫學到現代生死學》出版於1993年中，甫上市立刻蔚爲暢銷書，一個月後即見二刷，同時帶動社會上談生論死的流行，可謂開風氣之先。死亡之事雖爲華人所忌諱，仍想多方瞭解；既好奇又怕受傷害，卻苦無解惑之道。傅老大作適時問世，立即風行一時，經常受邀演講及辦簽書會。由於返臺次數增加，見面機會變多，更可當面請益，甚至興起採用其新書授課的念頭。

　　當年我在銘傳擔任通識課教師，爲吸引同學選修，盡量在課名上創新求變，「愛情學」與「生死學」遂應運而生。愛欲與死亡是佛洛伊德思想中的重要概念，二者更有相通之處，對此我曾在《性愛、生死及宗教》一書中稍加探討，一旦發揮起來也還算到位。沒想到的是，日後樹德科技大學和南華大學分別設立「人類

性學研究所」及「生死學研究所」，將相關課程從大學通識課提昇至碩士班專門課，真正達於「術業有專攻」的地步。愛情學為新儒家學者曾昭旭所創，他以《不要相信愛情》一書走紅後廣為宣揚愛的教育，溫柔敦厚的形象與內容是其特色。傅老則反映一種切身體驗意境，他面對聽眾談生論死乃是現身說法，畢竟罹癌之後大死一番，下筆行文字字生死攸關，予人直面死亡的震撼。該書係於三個月內一氣呵成，足見他在當時是多麼投入，也因此令人感同身受，讀來不忍釋手。

　　人生際遇難以預料，讓我意外的是，1996年我竟被傅老列入其所籌辦的南華生死所儲備師資。當該所於次年正式設立之際，他卻未及親炙而大去往生，結果靠著一群志同道合的後生晚輩共襄盛舉，將該所順利辦成並不斷發揚光大，至今已蔚為大學部至博士班一應俱全的特色系所。我在創所之初服務三年半，又轉往大同商專籌設殯葬科系半載，終因條件不足北返銘傳，加入教育所陣容，全力推廣生命教育。就在此前一年，國立空中大學生活科學系邀請我與成大趙可式及臺大胡文郁兩位資深護理學者，合作開設兩學分電視教學節目「生死學」。對我這個哲學教師而言，不啻一大挑戰和沉重壓力。畢竟生死學在南華被歸入人文領域，到空大卻列為健康科學一環；雖然性質上它屬於跨學科甚至跨領域的新興學科，但從出發點相異，內容遂有所不同，加上要求自編教材，的確頗費心思。

《生死學》(二)

　　1997至2001的四年間我住在嘉義，先後待過南華和大同兩所學校，以推動生死及殯葬教育，北返後則將之納入生命教育一以貫之。在南華主要以傅偉勳遺願規劃課程，多著眼於哲學及宗教課題，基本上述而不作。北返後由我召集進行空大電視教學，通過教科書集體創作，逐漸架構起我心目中的生死學全貌。「生死學」被列為生活科學系護理類課程，2001年首開兩學分，四年後重開增為三學分，教材則擴充近倍。初版教材共有十章，除導言及結語外，八章分屬理論與實務兩篇；前者介紹生死學跨越「自然、健康、社會、人文」四大知識領域的特質，後者則舖陳其所涉及的「教育、輔導、關懷、管理」四門專業活動。全書由三人執筆，趙老師寫生死教育和臨終關懷，胡老師負責健康科學、社會科學與悲傷輔導，其餘部分皆出自我的手筆。由於篇幅過半，故將本書列入個人著作。

　　依照西方學界現行分類，人類知識領域共分自然、社會、人文三大類別。教材架構上增列健康科學，是因為本科目屬於護理基礎課程，而護理可視為橫跨自然與社會領域的應用學門，主要從事健康照護專業工作，值得單獨列舉強調。當初我如此設計課程架構，多少想彰顯生死學的跨領域性質，但是它更恰當的分判，

乃是根據對於人的不同面向加以探究。這點其實我已在本書提及，日後則列爲二版的增訂內容架構。此一理念首見於本書導論所提出的「每個人都是一個『生物—心理—社會—倫理—靈性存有（**bio-psycho-social-ethical-spiritual being**）』」，之後則稱之爲「一體五面向人學模式」，一直沿用至今。後新儒家學者林安梧嘗言：「自然先於人，人先於自然科學。」我的人學模式從自然人講到社會人、倫理人和靈性人，希望面面俱顧。重點放在人的多元屬性上，至於知識描述僅爲方便法門。

有關生死學在實務應用方面的分類，早於南華時代便曾具體提出。當時分爲「死亡教育、悲傷輔導、臨終關懷、殯葬管理」四門專業，偏重死亡相關事務的處理。死亡教育在西方長期被提倡，其特色爲就死論死不談生。事實上傅偉勳在撰寫專書之初，心目中參照點正是美國課堂的死亡教育和死亡學，後來才逐步擴充爲包含中國「心性體認本位」生命學在內的生死教育。至於悲傷輔導、臨終關懷和殯葬管理三者，在國外皆屬須考授證照的專業服務。其中「臨終關懷」原爲對岸用語，即指安寧療護，但後來卻連同「悲傷輔導」一道被寫進我們的〈殯葬管理條例〉，列爲禮儀師專業職能。《生死學》出版於二十年前的世紀初，反映出我對生死議題最早關注之所在；經歷之後的體驗積累，當我在2020年問世的《新生死學》之內，已將之歸納爲「生命」與「關懷」兩大核心價值與競爭力。

《醫護生死學》(一)

　　二十五歲動筆寫碩士論文，至去歲四十二載共完成三十三部著作，其中十一種爲教科書。這些作品雖爲教學之用，但我始終既述且作，借題發揮，努力記錄下自己的學思心路歷程，到頭來終於凝聚成今日的大智教。大智教自度度人安身立命了生脫死，我對此一宏旨的全方位觀解，最早便見於2003年出版的《醫護生死學》之中。「醫護」二字連用其實多指關懷照護，至於「生死」之說則體現爲由死觀生下的輕死重生。本書英文名爲"Health Care Thanatology"，探西方死亡學觀點，將重心放在健康照護專業人員的生死觀之建立，尤其是護理人員。全書分三篇：「護理專業提供的生死關懷、護理專業面臨的生死抉擇、護理專業相關的生死服務」。"Thanatology"源自"Thanatos"，後者指死神，因此前者僅表死亡學，談死不論生。但生死畢竟爲一體之兩面，遂採傅偉勳看法由死觀生。

　　在如今的衛生保健體制內，醫療與護理係搭配運作，考察醫院診間及小型診所便知一二。醫護專業相輔相成，但二者核心價值畢竟不同，診療與照護不能混爲一談。專業照護體現出無比關懷之心，可分爲「情意性關心」（care about）與「操作性照顧」（care for）兩部分，缺一不可。護理關照對象除一般人外，還需

要對「兒童、婦女、老人、精神病人、臨終病人」多方關注。全書三篇十五章皆依「生物、心理、社會、倫理、靈性」五大面向一一析論，再作成綜論，此即我在日後不斷發展應用的「一體五面向人學模式」敘事觀點。其建構是結合醫療的「生物─心理─社會模式」與護理的「身、心、靈模式」，再加上二者都對專業倫理的強調重視。寫書尤其是教科書，設定格式化的框架是我的一貫作法，雖然曾經得到「矯情」的負評，但卻足以讓主題一目瞭然，且便於理解和記憶。

　　說起格式化寫作，得到負評也不意外；想來這或許正是我的寫作風格，且多少反映出自身拘謹保守性格。年輕時讀了一些心理學，知道自己的人格特質偏向神經質，另外三種則為膽汁質、黏液質和多血質。這套分類源於古希臘，最早出自「西方醫學之父」希波克拉底對人類體液的理解，神經質被歸為黑膽質。這種素樸的分類在現代或許站不住腳，不過佛洛伊德曾將精神異常分為輕微的「精神官能症」（neurosis）和嚴重的「精神病」（psychosis）；前者字首"neuro-"即指神經，俗稱的「神經病」其實有所根據，並非無稽之談。神經質性格雖然不一定會得神經病，但矯枉過正、患得患失的心態卻比一般人多見。反思之下發現，我藉著研究生死學希望了生脫死，多少具有貪生怕死的焦慮心理在作祟。如今老之既至，加上老病纏身，自知離死不遠，只能自我療癒和貞定，寄望和平共存而已。

《醫護生死學》(二)

　　回顧舊作加以詮釋，以釐清寫作心路歷程，有時的確會產生一些意外收穫，像是對自己的人格統整，擁有更爲清晰的瞭解與把握。「人格統整與靈性發展」是官方生命教育舊課綱的總結性科目，於新課綱中則列入「靈性修養」核心素養課題之一。在生命課裏講人格統整，是爲了避免知行不一下人格分裂。嚴重人格分裂屬於不自覺的精神疾病，但一般人多爲過度社會化，媚俗地表現出知行不一，並非眞的生病。然而自覺地從事違心之舉，久之習慣成自然，恐怕才是更難以破除的人格障礙。新的「靈性修養」課題除了「人格統整」外還包括「靈性自覺」，可謂具有先見之明。靈性就是精神性，跟一般心理活動不屬於同一層次；西方人多視爲宗教信仰的崇高境界，我則嘗試代之以世俗平凡的人生信念。百年前蔡元培提倡「以美育代宗教說」，於今在我看來，正適用轉化於實踐人生美感體驗。

　　反身而誠，吾道一以貫之，雖然不曾出現覺今是而昨非的價值割裂，但學思歷程的確發生過兩回心智典範轉移。首回是從科學哲學的主流步入另類，其次則見於生命教育從西化轉向中土；前者反映於《護理學哲學》，後者則以《醫護生死學》爲界。本書出版於2003年暑假，之後我去四川大學講學三週，耳濡目染之下，

對中華文化產生全新體驗。返臺後剛好碰上具有強烈統獨爭議的總統大選，在「去中國化」的氛圍中沉潛反思，終於自我貞定出對中華本土文化的認同，逐漸揚棄長期擁抱崇洋媚外的全盤西化觀點。《醫護生死學》可視為我最後一部純以西方思潮及觀點支撐的著作。尤其是當時仍自滿於對護理學哲學的掌握，遂拈出「存在主義、女性主義、人本主義」為全書意理，幾乎完全無涉於本土文化。近二十年後的今天，我已不斷彰顯「西用中體」治學態度，可謂學思的深化。

　　無可否認地，存在主義正是促成我選擇哲學作為終身職志的活水源頭，因為高中時期正好趕上它的全盛流行，很難不為之所動。事實上我在高中時感興趣的思想並不只這一端，而是之前所提到的「存在主義─道家─禪宗」三位一體人生哲理。只是後來走上研究之路，以相當西化的科學哲學為課題，遂將傳統文化擱在一邊了。《醫護生死學》提及存在、女性、人本三大主義並非我所創，而是順著西方護理學者的關注借題發揮。我在導論中將三者串連在一道，用以銜接上之前《生死學》所舖陳的思路。本書可視為由《生死學》改版至《生死學（二版）》的過渡，後者由我執筆的增訂部分，正是採用我所創的人學模式為架構來書寫。值得一提的是，由於《醫護生死學》為民間出版的教科書，可以多元設計，我乃納入以「心靈會客室」為名的情意教育專欄，持續之前書寫性靈小品的慧命。

《醫護生死學》(三)

　　《醫護生死學》作為個人獨力完成的第一部教科書作品，所具有的開創性意義已如前述。擔任教師至今總共三十八載，我一向不願自視為學者專家，而樂以「思者醒客」自居，同時推己及人，希望學生也能夠海闊天空地自由思考。本書出版後僅有一次機會現身說法，將之用於耕莘護專五專部護理科二年級兩班「生死學」的教學。當時我這個五十出頭的中年大叔，面對上百名「寂寞的十七歲」小女生談生論死，不免出現代溝。但我還是努力讓她們瞭解未來在執行專業實務時，可能面臨的各種「生死關懷、生死抉擇、生死服務」，這正是本書三大主題。無奈的是該課排授的二年級尚未進入臨床階段，同學們連一個病患都未見過，任何生死攸關的討論，都只流於紙上談兵。我曾建議安排在高年級授課，答覆是學生多在外實習無暇進教室。這已涉及課程設計的全盤規劃，不是說改就能改。

　　醫療及護理人員的專業養成都必修倫理課，護校有時還會另開生死課；這些都屬於專業基礎而非一般通識課程，可視為廣義「醫護人文」教育的一環。醫護專業無疑具有相當深厚的科學背景與技術要求，但專業人員面對的乃是受病痛折磨的患者，而非待處理的例行事務，醫護人文關懷遂有其必要。問題是醫護專業

的人文教育，雖列爲專業基本課程，但若完全沒有臨床實務經驗，就不免淪爲形式化的空泛討論。改善之道並非沒有可能，將之分爲兩階段授課或足以推陳出新。例如將兩學分的人文課拆成兩段，前段一學分爲觀念講解在低年級開授，後段採個案討論於臨床期進行。個案討論是企業管理專業碩士班（MBA）最常採用的授課方式，由於要求入學前必須具備一定的職場實務經驗，因此個案討論方式很容易融入情境揮灑自如。這是我在職進修管理課的親身體驗，值得參考推廣。

　　《醫護生死學》一書是受邀特別爲護生而作，因此盡量取相關課題來討論；但考量並不僅限於專業性，更顧及受教者的全人性。必須承認的是，我畢竟沒有受過護理專業教育，所提出來的相關課題乃是在生死所任教期間，跟研究生互動歸納所得。我所接觸到的頭四屆學生中，部分具備護理或諮商背景，甚至有兩位精神科醫師。我站在可能接受專業服務的患者立場跟他們互通有無，不啻爲難得的教學相長體驗。尤其像安寧緩和療護、臨終病人照護、悲傷輔導等生死攸關課題，我一直到近年去醫院擔任安寧志工，才眞正體會出其中奧義。志工是安寧服務團隊的一員，我雖然僅有短暫數月投入其間，卻屬畢生難忘的可貴經驗。對身爲生死教師的我而言，眼見繼父在面前辭世，以及爲臨終病患做些微薄服務，可視爲自我生死教育。目前我仍在大學教生死通識課，這些見聞都是鮮活教材。

《生死學（二版）》（一）

2001年秋季首度開授的空大「生死學」課程，曾經創下非必修課選讀人數空前絕後的最高記錄，多達4,495人，而排名第二「生活與理財」也得到三千七百多人肯定，由此可見當時社會大眾心之所嚮的兩端；既希望理財致富，也期待了生脫死。新課連開兩輪暫告一段落，2005年重返江湖，從兩學分三十六講，擴充為三學分五十四講，教科書篇幅也增訂四成，由十章添至十八章，其中十三章皆出自我手。《生死學（二版）》分為兩篇，首篇〈死亡學概論〉基本上就是第一版內容的保留，僅導論重寫並刪除結語。真正有創見乃是全部由我執筆的第二篇〈華人生死學〉，它既運用了「一體五面向人學模式」來建構理論，也全方位覆蓋生死學所涉及的四種專業實務。本書中同時拈出「後科學、非宗教、安生死」的大智教人生信念，以及「後現代儒道家」的「知識分子生活家」理想人格。

這裏反映出一整套心智典範轉移的過程，我從全盤西化的教研途徑，漸次轉向對本土文化的認同與肯定。必須言明的是，在為學與做人的道路上，我始終堅持的底線，乃是立足於中華「本土化」看世界，同時慎防陷入臺灣「在地化」的一曲之見。其實在地化倘若有容乃大倒也無可厚非，然而一旦在政治操弄下演成

逢中必反的「去中國化」，就眞的不可理喻了。對此我於2019年《新生命教育》一書中有所批判，在此暫且不表。主張「華人生死學」，無非是希望它眞的能夠充分爲華人所用。尤其是當傅偉勳晚年特別標榜「現代生死學」乃是有機結合西洋「死亡學」與中土「生命學」的嶄新創見，予我極大啓發，遂把《生死學（二版）》分爲死亡學和華人生死學兩篇講述。本書強調「華人生死學」源自「華人應用哲學」撰述取向，前後一共在四部民間出版著作副題上標幟此一鮮明立場。

　　我的寫作立場反映出後現代「局部知識」的特色：「後現代『華人生死學』不是放諸四海皆準的普世學問，它是屬於適用於漢民族爲主華人社會的局部知識。……筆者本著『華人應用哲學』取向，融匯古典儒道二家思想，轉化而成『後現代儒道家』觀點；其最大的特色，即是……『從人生看宇宙』。……以中國人生哲學轉化而成的『華人應用哲學』，做爲中國『生命學』的基本内涵。」哲學探究宇宙與人生二端，宇宙即世界天地，儒家將「天、人、地」視爲「三才」，我引申爲「人既無逃天地之間，理當學會頂天立地」。個人在宇宙天地間所度過的一生，對生死學與生命教育而言，不外乎學習「安身立命、了生脱死」之道。此一生死道理若透過「生物─心理─社會─倫理─靈性一體五面向人學模式」來把握，當能面面俱顧，無所偏廢。這正是我在本書中所建構的華人生死學。

《生死學（二版）》(二)

　　我的兩回心智典範轉移，先後開創出「陰性思考」和「本土關注」兩條途徑；前者體現「性別主流化」，後者彰顯「文化主體性」。不管政治對立如何嚴重，兩岸共同根柢還是在中華文化；看看美國獨立近兩百五十年，也沒有對英國文化有任何輕視之意。當然居住在臺灣這座海島上的人民，多少還是形成一定的在地生死觀，尤其在喪葬習俗方面。但追根究柢正本清源，它們仍舊具有相當的傳統文化活水源頭，看看電影「父後七日」便知一二。該片反映出受儒家「慎終追遠」思想影響的男尊女卑繁文縟節，亟待通過道家「反璞歸真」理想的去蕪存菁推陳出新。本書重點放在第二篇〈華人生死學〉，前五章呈現理論架構，後四章引介專業實務。生死學一如教育學，屬於跨領域應用性中游學科，上游會用到生物、心理、社會、哲學等基本知識，下游則開創教育、輔導、醫護、殯葬等實務應用。

　　受到傅偉勳「現代生死學」啓發，我嘗試建構「後現代華人生死學」，核心部分反映於倫理與靈性面向的華人應用哲學。西方多將靈性活動指向宗教信仰，我則效法蔡元培「以美育代宗教說」而提倡靈性開顯的人生美學。倫理學與美學共同構成哲學中的價值論，生死學的倫理及靈性課題，遂可銜接哲學價值論探

究，與之相應的則爲「輕死重生」價值實踐。哲學除了價值論之外還包括本體論和認識論，它們在生死學之中分別體現出「向死而生」及「由死觀生」的實踐途徑，這三大議論將於之後《學死生》一書內系統討論。在我的心目中，華人世界呈現「宗教信仰、民俗信仰、人生信念」鼎足而三，不分軒輊；其特色分別爲「嚴密的團體修行、鬆散的隨緣流轉、個人的自我貞定」。以我天生自了漢性格，自然會選擇走向後者，但也同時認爲前二者皆屬美感體驗，應當加以尊重和欣賞。

　　我曾撰寫自傳《觀人生》與回憶錄《六經註》，反思個人心智啓蒙，發現「吾十有五而志於學」；換言之，十五歲進高中以後便展開心智活動大旅行，至今六十有八仍在持續進行中，願能死而後已。超過半世紀的學思歷程，終於在近年凝聚成一門反諷式擬似宗教之非宗教「大智教」或「人生教」。它其實就是一套人生哲理，名爲「後科學人文自然主義華人應用哲學」，簡稱「天然論哲理學」或「天然哲」，教人以安身立命了生脫死之道。對此我在本書中寫道：「眼見臺灣社會大眾在面對生老病死情境時表現出來的顛倒夢想，而迷漫於世道人心的主流『中產階級意識型態』及『宗教信仰溫情主義』卻又無力撥亂反正，乃就中國古典人生智慧中尋求另類出困之路，此即『修養美學』的境界。」蔡元培「美育代宗教」問世達百年，我將之轉化爲「美育化宗教」，以鞏固華人信仰「第三路線」。

《醫學倫理學——
華人應用哲學取向》(一)

　　生命教育目前在海峽兩岸都蔚為顯學，且均列入官方政策積極推行，彼此最大差別便在於是否涉入宗教議題。對岸主張無神論，對宗教觀點能不提就不提；我們剛好相反，以宗教團體參與護持最力。這些在我看來可謂過與不及，因此嘗試提倡第三條道路，亦即清風明月式的中庸之道，融宗教體驗於人生美學之中。認同「美育代宗教」進而「美育化宗教」的具體實踐，可以從「性靈之靈性」的書寫與欣賞出發。「性靈」是晚明時期所興起的一種寫作風格，「獨抒性靈，不拘俗套」，用樸實無華的小品文字流露個人的本真性情，深為林語堂所喜，便反映在他的幽默書寫中。我近年創立大智教，除授課時借題發揮宣講外，最常使用的方法就是以文會友，善結有緣人，寫書及貼網誌都是傳播管道。「我手寫我心，存在即自知」，有人閱讀欣賞固然可喜，無人聞問亦可孤芳自賞自得其樂一番。

　　大智教的內涵是一套華人應用哲學，我於2004年共出版六部著作，其中三種皆標幟「華人應用哲學取向」，《醫學倫理學》便是第一部。本書由專門刊行醫護專書的華杏公司出版，我跟該公司共合作三回，前兩種《醫護生死學》與《護理科學哲學》反應不

差，遂受邀為非醫學系的健康科學專業科系學生撰寫《醫學倫理學》教科書。回想我在初任專職時，曾至陽明醫學院兼授「人生哲學」通識課，抽空旁聽醫學系的「醫學倫理學」專業課，發現主要是邀請資深醫師輪流講授「醫德學」。醫師道德固然是專業倫理實踐的一環，但所見仍不夠寬廣，尤其不見導引未來醫師反思個人的人生觀與人死觀是一大缺憾。當然問題根源實出在學科定位，蓋醫學倫理學創始於1803年英國，當時正為探討醫德；討論生死道德日後見於「生命倫理學」，但它在1970年問世時，卻主要研究生態環保問題。

　　《醫學倫理學》是計劃撰寫，由我設計全書架構，再邀請三位研究生共襄盛舉。他們分別為精神科醫師、外科護理師，以及哲學碩士兼社區大學講師，因為在臺北護理學院生死教育與輔導研究所進修，修習我開授的「生命倫理學」而結識。我本有意請出版社將書名改為《生命倫理學》，但官方規定相關科系需講授「醫學倫理學」，教科書名只好從善如流。但內容不談醫德，改論生死議題，畢竟讀者設定為醫學系以外的其他相關專業科系學生。作者之一方俊凱醫師，撰寫〈精神疾病〉及〈緩和療護〉二章，他後來榮任馬偕醫院安寧療護教育示範中心主任，可謂最佳人選。至於由護理師林佩玲和生死學講師丁宥允，分別撰寫〈預立指示〉與〈醫助自殺〉兩章，也算是學有所專的深入見解。集體創作的好處是「三人行必有吾師」，跟專業人員相互切磋學習，我這個老師意外收穫頗豐。

《醫學倫理學——
華人應用哲學取向》(二)

　　在我的規劃下，《醫學倫理學》按「生、老、病、死」共分三篇：〈生育與生命的倫理學〉、〈老年與疾病的倫理學〉、〈臨終與死亡的倫理學〉，每篇四章，每章四節，依「概念分析、批判思考、意義詮釋、綜合討論」次第舖陳。教科書以格式化寫作並無不妥，但為了吸引讀者從事情意體驗，我循著《醫護生死學》的慣例，設計情意教育專欄「心靈會客室」，十二帖千字小品皆出自我手。未料此例一開竟蔚為傳統，欲罷不能，終於形成我的一貫寫作風格，包括眼前這些文字，皆為三段式性靈書寫。當然「性靈」本當隨意揮灑，而非劃地自限。但我的性格趨於拘謹保守，生怕一發不可收拾，乃用格式化寫作自我框限，久之竟然習以為常，更能夠在框架內揮灑自如，倒也不失為美事一樁。「意念唯心造，我手寫我心」，寫作多少已成為我的自我療癒與貞定之道，當盡力而為，死而後已。

　　《醫學倫理學》和《醫護生死學》的寫作相差一年，跨在半百知命前後，正好反映出我的第二回心智典範轉移。對此在序言〈生命情調的抉擇〉寫道：「五十歲以前的我把學問事業當人生來過，其後則逐漸把人生實踐當學問來做；天地之大，學問之廣，過

去是我註六經，今後則是六經註我。……它代表我這一年來生命情調的抉擇，具體成果便是我初步拈出了自己的人生哲學思想。」而在內文中進一步闡述：「先秦儒道二家在政治倫理學和生活美學兩方面，對華人世界影響極深。……經過兩千五百年的互補互利，至今已足以形成一種互爲表裏的人生哲學，此即『後科學人文自然主義』……。此種適用於華人社會的人生哲學，是以『後科學人文主義』的知識分子形象與作風爲『表』，而以『人文自然主義』的生活家心境與關懷爲『裏』；表裏通透無礙，足以解決一切倫理問題。」

人生不脫生老病死，佛陀將之視爲「八苦」之四者，必須通過「四諦」的修行方能離苦得樂。雖然今人將儒道佛三家視爲中華傳統文化的基本內容，但儒道自古已然，佛家則於八、九百年後的兩漢魏晉方傳入中土再逐漸發揚光大。前後雖得呼應，卻不可同日而語。平心而論，我對佛家及其根源佛教並無偏見，甚至一度以爲因緣俱足而皈依受戒，到頭來卻成夢幻泡影。不過根據高中時代所嚮往的「存在主義─道家─禪宗」三位一體思想，加上傅偉勳所宣揚的「心性體認本位」中國生命學，曾將莊子與禪宗相提並論，使我對禪宗另眼相待。佛學博大精深，我力有所不逮，遂敬而遠之，唯禪思例外。將禪宗結合道家思想，再跟儒家融會貫通，足以讓世人安身與了生。我在末章提出「死亡權利」問題，表示權利能夠充分運用或備而不用，但不應被濫用，這正是我對醫助自殺與安樂死一貫態度。

《殯葬學概論》(一)

　　我在《生死學（二版）》中，分別從西方死亡學和華人生死學的觀點考察生死學專業實務，將前者狹義的「死亡教育、悲傷輔導、臨終關懷、殯葬管理」擴充爲後者廣義的「生死教育、生死輔導、生死關懷、生死管理」。回顧它們在國內的發展，竟然發現其實已經一一落實；北護與南華各自成立「生死教育與輔導研究所」及「生死管理學系」，高中生命教育類課程則開授「生死關懷」一科。在我的心目中，生死管理大致就是在從事殯葬管理，政府機構上有內政部民政司殯葬管理科，下至六都設殯葬管理處，各縣市則有殯葬管理所。至於大專科系以「生命關懷事業」或「生命事業管理」爲名，反映出當今殯葬活動必須落實爲事業經營管理，已非喪家自辦能夠解決。本世紀初產官學合作對殯葬改革大力推動，傳統行業已逐漸轉型爲現代專業，業者自我認同也從職業提昇爲事業甚至志業。

　　我國的殯葬改革以2002年《殯葬管理條例》頒布施行爲標竿，法律規定日後由國家考授「禮儀師證書」，將業者位階提高至與其他「師」級平起平坐的專門職業及技術人員。不過萬事起頭難，改革創新絕非一蹴可幾，經過近二十年的努力，殯葬專業化似乎只走到半途，亟待全民共同努力以儘早促成。蓋眞正專業人

員必須有排他性，未取得證書不得執業否則觸法，醫師、律師、會計師、心理師、社工師皆屬之。而禮儀師的性質卻彷彿錦上添花，一般業者具有極易考授的丙級技術士證便可執業。為何殯葬跟其他專業有如此落差？舉辦國考的考選部當年解釋是因為沒有配套專業科系，而法規卻要求以五年為期設置禮儀師；既然考選部不願納入國考，只好由主事的內政部自行頒授，方式則為通過一系條件檢覈取得。這些條件包括兩年工作經驗、乙級技術士證、二十學分大專專業課程。

我身為大學生死學與生命教育教師，且在南華參與設立殯葬管理研習班，很自然地就成為殯葬改革主要推手。2005年春在內政部一場會議中，提出二十學分專業課程設計案，獲得與會學者專家一致通過，可視為殯葬改革重大里程碑。提案通過令我產生強烈使命感，決定打鐵趁熱撰寫教科書，乃將提案內容進行全方位擴充，架構出一部面面俱顧的《殯葬學概論》。那年暑假僅花了一個月便完成十萬字初稿，幾乎每天工作十小時，連自己也感到意外。寫教科書之於我既不陌生更得心應手，只要資料齊備便能水到渠成。本書可視為生死專業之一「殯葬管理」的延伸與深化，仍秉持一貫的「華人應用哲學取向」立場寫作。但是生死議題可以「務虛」地討論，殯葬卻涉及一種在社會上運作的行業，必須「務實」地考察。尤其是為取得專業證書而修課，更要扣緊實務現況與發展進行探究。

《殯葬學概論》(二)

　　雖然《殯葬管理條例》曾明示要效法社會工作師而設置禮儀師，但我始終認為它最恰當的模仿對象乃是護理師。社工師要大學社工系畢業方能報考，而禮儀師的養成教育目前仍以專科為主力，情況跟護理師類似。護理師、心理師、社工師、禮儀師等職務，在西方國家被視為「助人專業」，需要具有充分關懷之情始能勝任。但由於國內殯葬乃屬傳統行業，要達到現代專業水準要求，必須長期培養新血；仁德和馬偕兩所醫專生命關懷事業科五專部正在擔負此一任務，南華生死系殯葬服務組同樣一枝獨秀。基於殯葬活動同時具有中華文化本土性和臺灣民俗在地性，《殯葬學概論》乃完全針對在地讀者而寫，並堅持彰顯華人本土特色。我雖然將殯葬類比於護理來書寫，但護理畢竟是僅形成一個半世紀的西方專業，殯葬卻屬於歷史久遠傳統行業，連孔子都曾為人治喪，二者不可同日而語。

　　要把一門傳統行業通過改革創新而臻於專業化，教育訓練可謂方便法門。但此行過去多為師徒相授，幾乎從未列入學校課表；南華自1998年起連辦四期殯葬管理研習班，確屬開風氣之先，甚至比條例頒布還早四年。當時生死所有心同步涉足四大專業，但官方已開始推動生命教育，而輔導及醫護專業對生死學的認識

和認同都偏低，唯有殯葬業者熱衷參與以推陳出新，因此從生死學發展出殯葬學也就理所當然了。事實上我認真投入殯葬學術與教育，乃是離開南華以後的事情；先在大同商專籌設殯葬科系，北返則積極介入官方改革活動，設計二十學分專業學程，正是我在殯葬教育方面重要貢獻。對此先後出版四書：2006年《殯葬學概論》、2007年《殯葬生命教育》和《殯葬與生死》，以及2008年《殯葬倫理學》；後者於2020年秋季為空大開課作為教科書，終於有機會派上用場。

本土加在地化的殯葬學術完全無先例可循，一旦要設計專業課程，腦海中的參考架構只有跨領域的生死學。人類知識領域基本上不脫自然、社會、人文三大範疇，每個領域又可分為理論與應用兩方面來考察。殯葬學較之生死學更務實也更傾向實務應用，因此在建構上相對於三大領域乃設計為「殯葬衛生學、殯葬管理學、殯葬文化學」。倘若將「殯葬學」列為一階學科，此三者便屬二階分支，每一分支又包含三項課題，以構成全方位的完整學理與實踐圖象。在多方考量下，我對衛生學提出「公共衛生：遺體處理、衛生保健：臨終關懷、心理衛生：悲傷輔導」三項課題；管理學包括「行政管理：制度法規、經濟管理：事業組織、資源管理：硬體軟體」；文化學則為「歷史文化：喪禮民俗、思想文化：哲學宗教、禮儀文化：殯葬過程」。如此分判呈現面面俱顧，應能符合教學與研究之所需。

《殯葬學概論》(三)

　　大智教是一套反諷式擬似宗教之非宗教，呈現出全方位宇宙與人生的哲理觀解，又稱人生教，教人以安身與了生之道。宣揚傳播大智教的具體作法是行大智教化；我長期不懈推廣的大智教化，可視爲官方學校生命教育的民間版、成人版、擴充版與升級版，實踐策略則爲順水推舟及借題發揮，從而體現出另類的新生命教育。大智教由我所創，自許但不自詡爲教化主；它反映出我的人生四願：「無後主義、中年中產中隱、立法安樂死、環保自然葬」，認同此等理念即屬理想信衆。前三者容或不易達成則可隨緣流轉，但後者乃是最基本要求；一個人對後事料理都不能表現出反璞歸眞的豁達，只能說道不同不必爲謀。我涉足殯葬近四分之一世紀，甚至成爲改革重要推手，念茲在茲的便是提倡「節葬與潔葬」，以落實「輕死重生、厚養薄葬」。此點我已實踐於雙親後事，自己日後亦將從善如流。

　　繼父遺言捐贈大體之後由我樹葬，老母交代火化撒海縱浪大化，而我跟太太也決定二者擇一。這是有限人生最完美結局，體現出「無後顧之憂」的眞諦。我們夫妻因無後共識而結縭，近四十載始終道喜充滿；沒有子女爲後事操心及不必由後人因循祭掃，才是道地的反璞歸眞重回自然。這是一種澈底自主自了心態，深

受莊子思想和行徑啓發。傅偉勳推崇莊子爲「中國生死學的開創者」，的確名不虛傳。此等豁達精神正是我撰寫殯葬四書的一貫傳承。《殯葬學概論》秉持大智教所提倡「文理並重、東西兼治；物我齊觀、天人合一」爲學做人之道，於全書三篇反映出「西用中體」的系統觀解。簡言之，殯葬學術的自然與社會領域應由「西學」向「中學」進行本土轉化，而人文領域則需要從事重大反向求緣以形成典範轉移。華人喪葬以禮俗爲重，必須效法西方走向簡化與淨化才是正道。

　　以我的生父在美國去世後事料理爲例，洋人注重防腐，將遺體處理得栩栩如生，放置在禮廳中供人瞻仰，時間長達半天。室內寧靜肅穆，只有輕聲音樂及淡淡咖啡香，來賓注視關懷遺體、跟家屬低聲交談、坐下沉思，或在名簿上留言，最後逡行離去。總之一切都在靜默哀思中進行，讓人們的心情得以充分沉澱，不似我們的繁文縟節，身不由己。至於喪禮則另外舉辦，遺體已火化裝盒，禮堂中由眾人輪流上臺發表感言，再移往室外入土爲安。國外墓區頗遼闊，火化土葬墓基甚小，在公墓公園化設計下墓碑平躺，四週遍植青草，放眼望去一片油綠，幾乎不見碑座。不時見到有洋人悼亡席地而坐，採野餐方式進行，完全無有恐怖。這一切在我心目中留下完美永恆的印象，從未想到喪事可以辦得如此平易近人，的確是華人社會應向西方文明取經效法革新之處，此即我所謂心智典範轉移。

《殯葬與生死》

　　至2021年中我擔任教職總共三十八載，涉足研究另加五年，自認全部都在從事大智教化，也就是我心目中理想的新生命教育。當然在而立前後生涯剛起步時並無此自覺，但到如今反身而誠，多少可以看出吾道一以貫之的理路。此即當下撰述的中心主旨，藉著回顧舊作話說從頭且借題發揮，勾勒出前後一貫的心路歷程。我的生命教育時期長達二十一年，大致包括生死學、殯葬學、教育學三部分；三者同步發展，至今已提昇至大智教化層次與時期。有些經歷回想起來連自己都感到意外，像是被傅偉勳列入南華生死所儲備師資，又在校長龔鵬程誠邀下，繼承傅老遺志成為創所所長。離開南華前往大同籌設殯葬科系未果，北返後參與殯葬改革，提出培養禮儀師專業課程架構，而被空大請去籌辦空專生命事業管理科，兼任創科主任，規劃十一門專業課程陸續登場，「殯葬與生死」即為入門課。

　　依照空大過去自撰教材出版的傳統，整套十一冊教科書在兩年內先後出齊。《殯葬與生死》主要改寫自《生死學（二版）》和《殯葬學概論》，內容雖無甚創新，卻體現出生死、殯葬以及生命教育的最新里程碑。對此我在本書序言中提及：「國立空中大學附設空中專科進修學校『生命事業管理科殯葬管理組』是臺灣第一間

以『殯葬』為名的專業科系，雖然只屬於二專層級的半獨立教學單位，畢竟也算是十年奮鬥有成的結果。……過去十年裏，生死學研究所和生命事業管理科先後在我的耕耘下落實紮根，雖然一為碩士班一為二專班，終究算是從談生論死的『虛學』走向經營管理的『實學』。」生命課「生死關懷」一旦走向實務，殯葬管理最有揮灑空間，臨終關懷和悲傷輔導屬於其他專業的內容；至於我的學術興趣和生涯發展，則由死亡教育轉向包含殯葬教育在內的生命教育與大智教化。

《殯葬與生死》可視為空大生管科殯葬組所規劃專業課程的入門課，我將新撰的緒論與結論分別題為〈從生死學到殯葬學〉和〈從殯葬學到殯葬教育〉，對其間相關理路有如下闡述：「相對於殯葬學緊扣住殯葬行業而為一門立竿見影的『實學』，生死學則可視為促成人們修養素質得以潛移默化的『虛學』；虛實相輔相成、互補互利，接受殯葬服務的社會大眾將因此而受惠。……教育的目的乃是培育技能和變化氣質，二者缺一不可；尤其是為人料理後事的殯葬業，絕對不能成為匠人及市儈。……對於業者而言，專業教育究竟是加持性的錦上添花，還是修養上的更上層樓？從高等教育的理念與理想來看，它理當屬於後者。」回顧西方國家像美國的正式殯葬教育，早在1882年就已經從防腐學校起步，我們則到2007年空大創科才落實。無奈空大正式卻不正規，實體專業科系兩年後才出現。

《殯葬倫理學》(一)

　　大智教是人生哲理教，希望「美育化宗教」，用美感人生信念度化宗教信仰，跟百年前蔡元培「美育代宗教」相呼應。我不是否定排斥宗教，而是覺得它們大多濃得化不開；尤其一旦形成團體活動，更讓我這個自了漢渾身不自在。不是我多疑，至少在華人社會不信教且拒信教的人比比皆是，而大學生大多信「睡覺」。我跟他們說相信養生之道也不錯，但要在該睡的時候睡，而非上課打瞌睡。說來可笑，我還差點當上宗教學研究所所長，但研究宗教跟信不信教不必然相關。何況世間壓根兒就沒有所謂宗教，有的只是這門或那門教，彼此大多不相容，頂多能夠對話而已。宗教在本質上就會排他，一旦落實於生活中便有可能產生荒謬景象，尤其是喪葬禮俗。我就曾遇過一家人母喪後子女各有所執，互不相讓，只好一個早上先後舉辦基督教與佛教兩場告別式，天知道老母親一生什麼教都不信。

　　這種奇異現象正是殯葬改革應該革除的心存罣礙，理想作法可以依當事人意願，考慮舉辦生前告別式。生前告別式曾因著名作家曹又方自辦而轟動一時，此等嶄新創意後被引入大陸電影「非誠勿擾2」之中，拍得相當感人。從天然哲大智教觀點看，人生之所以有意義正是因為生命有限，若是綿綿無絕期，才是巨大

恐怖陰影。正常死亡多少是在反璞歸眞，最好能夠一切從簡，還
其本來面目，此即貫穿於《殯葬倫理學》全書的核心價值。本書
是我所寫的最後一種殯葬專書，原本也是爲從事專業教育而作，
卻於出版後十二年才正式派上用場，意外讓大智教化有其用武之
地。在我的構思中，殯葬倫理傳授專業倫理與職業道德，而頒授
禮儀師證書的內政部也認同此點，但修課業者卻不見得有相同認
知，甚至以多餘理論課程視之。對此我乃曉以大義，表示它雖不
能立竿見影，卻足以潛移默化。

　　平心而論，作爲專業倫理，殯葬倫理的性質基本上跟醫學倫
理、護理倫理、諮商倫理、社工倫理等類似；其他專業在養成教育
中都必修倫理課，殯葬理當從善如流。倫理道德教育就是德育，
在臺灣即爲生命教育前身；本世紀初的教育改革大旗一揮，傳統
德育逐漸銷聲匿跡，代之以更爲多樣的生命教育。後者最具體的
表徵便是列爲高中選修課，我曾根據當時課綱另撰《殯葬生命教
育》一書，可惜從未有機會用於授課。專業倫理是西方產物，最早
係以一些淺顯易懂的職場守則或原則來規範從業人員行事，像前
面曾提到的醫德學便屬之。到了上世紀八零年代，應用倫理學應
運而生，至少包括「企業倫理、環境倫理、生命倫理」三大面向，
空大曾據此開授應用倫理課。當我爲培養禮儀師設計課程時，首
先想到的就是取應用倫理的架構來發揮，不料卻跟業者想像有所
出入，難免事倍功半。

《殯葬倫理學》(二)

　　應用倫理學屬於應用哲學的分支，大智教的基本內容正是一套兼具理念與實踐的華人應用哲學；其建構原則爲「西用中體」，即以本土文化及需求爲主體，西方觀點和經驗爲應用。由於專業倫理在西方學術教育界已經研究推廣多年，幾乎成爲專業教育的基礎與共識。因此當政府要通過殯葬改革以樹立殯葬專業時，自然會想到參考其他行之有年的專業，而於法規中明示以參考社工師來設置禮儀師。但是沒有想到的是像社工、諮商、醫護這些專業都是西方產物，殯葬卻屬相當古老的傳統行業，且糾纏於宗教民俗種種陳規中難以自拔。因此一旦要讓如此守舊的傳統行業，轉型爲前瞻的現代專業，必須大破始能大立。問題是革新下的破除舊日觀點和作法絕非一蹴可幾，而是一段漫長磨合。專業倫理教育對尚未入行的新人較易被接受，已是業者或在傳統葬儀社工作的人，就會出現認知落差。

　　根據我與傳統業者接觸二十多年的經驗看，他們心目中的倫理教育乃是「愼終追遠」之類古老教誨如何操作，也就是講究「行禮如儀」的不逾矩，以免違反傳統禮俗。空大其實另有「殯葬歷史與禮俗」一課，講授相關操作技術，背後有著一定傳統倫理規範；但這些跟殯葬倫理學希望讓從業人員具有現代化專業意識

的要求，似乎存在一段鴻溝。所以當我運用本書於2020年秋季在空大開授「殯葬倫理」一科時，開宗明義便強調此乃哲學課而非禮俗課，多少會讓期待禮儀師證書儘快到手的傳統業者感到陌生和壓力。尤其當網路播音講課、線上同步面授，以及考試命題閱卷皆由我主事時，師生認知差距立即可以感受到。因為期中考的哲學分析，讓許多同學無所適從，我只好慈悲為懷，在期末採取開書考試，總算皆大歡喜。看來專業倫理要在殯葬業當中推廣普及，恐怕還有很長的路要走。

在撰寫《殯葬倫理學》之初，我就想到必須將它先行定位，以免日後任教時討論失焦。在本書首章中便寫道：「人生不脫生、老、病、死四者，當醫師、護理師著手費心於前三項時，禮儀師便致力於最後一項。這些皆屬民生所必需，也都在善盡功德、服務社會。各行各業都有職業道德，以自我約束，並造福消費者；專業領域更形成專業倫理，……以維繫專業水準和形象。當殯葬業邁向專業化之際，殯葬倫理乃應運而生。……殯葬倫理學由殯葬學與倫理學統整而成，基礎內更含有各種哲學思想……。」在我的心目中，殯葬專業甚至足以類比於醫護專業；既然醫療與護理科學都在開授倫理課，殯葬教育理當從善如流。無奈當空大生管科成立時，層級對象設定在二專而非五專，尤其想吸收業者來修禮儀師證書所要求的二十學分，反而少有期待修滿八十學分取得副學士學位的社會人士選課。

《殯葬倫理學》(三)

　　回顧既往，可以發現殯葬專業一路行來舉步維艱且跌跌撞撞，若從2007年空大設科算起，至今僅有十四年歷史。不過值得慶幸的是，後來仁德與馬偕醫專先後設立生命關懷事業科五專部，且已有多屆畢業生，總算培養出一批又一批受過正式且正規養成教育的專業新血。雖然現今殯葬專業科系為了避嫌仍難以「殯葬」之名示人，但終究已經樹立起一定的自我認同與專業形象，倘若假以時日，專業化程度必然會更成熟也更到位。不過無論如何，我還是認為既然要受專業教育就必須學習專業倫理，而不能對此一要求掉以輕心。《殯葬倫理學》在出版十二年後令我有機會現身說法，總算將理念付諸實現；至於學生是否真的感同身受，從而達到潛移默化的目的，只能看他們執業時是否會產生意識覺醒而更上層樓。意識覺醒可能促成心智典範轉移，我正是通過接觸女性主義而有所自覺領悟。

　　萬丈高樓平地起，我苦口婆心對同學說，殯葬管理必須跟殯葬倫理相輔相成始能互利共榮。由於殯葬管理牽涉到產官學三方面的互動，且殯葬產業又多以民間企業為主力，因此探討專業倫理議題就先從應用倫理之中的企業倫理講起，漸次發展至環境倫理和生命倫理。本書架構正是以這三大議題為內容，而在介紹倫理

議題之前，要先行考察它們的哲學基礎。系統地看，《殯葬倫理學》除導論結論外共分三篇，每篇三章。首篇企業議題先談「管理哲學」，再探討殯葬的「企業倫理、服務倫理」；次篇環境議題先談「宇宙哲學」，再探討殯葬的「環境倫理、天人倫理」；末篇生命議題先談「人生哲學」，再探討殯葬的「生命倫理、關懷倫理」。全書十一章照例在每章之後附有「心靈會客室」情意教育專欄，以我的實際體會跟讀者進行心靈對話，以期能夠產生潛移默化、改善服務的效果。

　　當初寫作本書時，我尚未拈出「大智教化」的大纛，但已經在字裏行間體現出「西用中體」的教化方向。然而就像我在《殯葬學概論》之中所顯示的，當自然與社會領域要朝向本土轉化，人文領域卻需要盡量反向操作而朝西化求緣。這是因為包含倫理道德、哲學宗教在內的殯葬文化，受到傳統思想長期浸淫，早已濃得化不開，必須要通過大力改造變革，始能真正推陳出新，而禮儀民俗正是需要大破大立之所在。我建議殯葬專業應該效法護理專業，將「關懷」視為本身的核心價值。關懷倫理是西方倫理學最新的理念與實踐，於上世紀八零年代自女性主義學者手中應運而生。看見如今專業科系採用「生命關懷事業」為名，的確令人欣慰。由於殯葬不算新興行業，從事改革乃是將長期受到污名化的傳統行業加以翻新，必須建立堅定的核心價值，「生命」與「關懷」正是最佳選擇。

《生命教育——倫理與科學》(一)

　　2004年春我跟揚智文化公司首次合作出版「生命教育二書」，這種合作關係一直維繫至今。在二書序言中如此寫道：「《生命教育——倫理與科學》及《生命教育——學理與體驗》兩本書的各篇文章，是我過去十年間偶然涉足生命教育的雪泥鴻爪。……**1993年我在當時的銘傳……將『應用倫理學』一科，列為全校必選通識課程。……我們過去所做的努力，可以名之為『倫理教育取向的生命教育』，而與『生死教育取向的生命教育』相提並論。**」事實上，對生命教育初步認識，是1997年轉往南華生死所任教才接觸到的。世紀初教育部開始推動生命教育中程計畫，在高中課綱內同時列有應用倫理學和生死學相關課程，總算為我過去的各種努力找到相關定位。雖然我一向將生死學與生命教育相提並論，但它們在人們心目中的地位並不一致。生命教育之說正向光明，因此廣受歡迎。

　　生命教育在當初受歡迎的程度，可以從我的二書流行上看出。它們雖然算不上暢銷，卻是最早問世的少數相關讀物，因此經常被後來著作提及，令我頗感意外，同時欣慰能引領出一些社會關注。回想三十五歲拿到博士學位至大專正式任教後，一路從通識教育走向倫理教育、生死教育、殯葬教育、教師教育，它們都

可視爲廣義的生命教育。到如今三十三年過去了，我已將之擴充升級爲大智教化，且仍在任教不輟。其中「教師教育」在國內稱作「師資培育」，卻僅只於培育未來教師，而未涉及現任教師的在職進修；但我所教的教育所碩專班生員，幾乎全爲在職教師，因此更好擴充正名爲「教師教育」。在教師教育中傳授生命教育課程有兩層意義，一層是指引現在或未來的老師們如何推動學校生命教育，另一層則是讓學習者反身而誠進行自我教化；成人生命教育正是大智教化的宏旨。

　　「二書」係以套書形式同時問世，自序和引言也完全一致；日後我又組合出版「自我生命教育三書」、「大智教化二書」，但上市日期已有先後之別。值得一提的是，二書引言〈五十自述——我的哲學生活故事（1973-2003）〉，乃是轉引自2003年春出版的《應用心理研究》季刊第十七期一篇回應文〈我的哲學生活故事：主體性的反思與建構〉，對象爲老同學輔仁心理系教授翁開誠〈覺解我的治療理論與實踐：通過故事來成人之美〉。這是我首度也是唯一一回在主流學術期刊上，撰寫生命敘事文章，同時具有學術和自述的旨趣。此例一開，源頭活水自然來，日後竟然一發不可收拾，而讓所有書寫都同時兼具這兩種旨趣，亦即我引以自豪的「借題發揮」。「生命敘事」屬於社會科學質性研究方法之一，原本具有相當學術要求；但是被我拿來借題發揮，就眞的變成講述個人生活故事了。

《生命教育——倫理與科學》(二)

　　用講述生活故事的方式推廣生命教育，宜盡力而為適可而止，勿流於自戀式的無謂宣傳。這點我其實早就了然於心，何況一介書生的平凡人生，又何以值得大書特書？但我卻自覺地反其道而行，連自傳和回憶錄都已出齊，眼前這部通過回顧舊作以勾勒一以貫之心路歷程的新作更屬之。為何我要明知故犯？多少因為老來深感時不我予，而對大智教化的使命感卻與日俱增，遂以文字舖陳不吐不快，同時兼具自我療癒及貞定效果。身為大智教化主，八年來真正相信大智教義的始終只有我一人；看似吾道頗孤，知其不可而為，其實這正是自了漢的療癒之道。自我療癒可達於自我貞定，此即新書以《大智教的貞定》為副題的真諦。「我手寫我心，存在即自知」體現出我的寫作目的，因為寫出就算發表，立言便將不朽，越老越能玩味「萬法唯心造」之奧義。若云作者癡，則視為道不同不必為謀。

　　看官請放心，自我貞定不會走上唯我獨尊，頂多見仁見智而已；回首書寫心路歷程，自得其樂且樂在其中，於願足矣。「生命教育二書」聯袂出版，算是舊文結集；前書納入七篇學術論文，後者則囊括學理的實務論文、一般論述，以及體驗的專業考察、生活反思和讀書心得。本書匯編1993至2003十年間的生命教育相關

論述，但是生命教育作為官方政策應運而生乃是1997年的事，較生死學問世晚四載。生死學後來雖然被生命教育收編，但後者在學校內推動的重點卻放在倫理教育，用以取代傳統德育。本世紀頭八年由獨派執政，苦心積慮要去中國化，遂對深具中華文化內涵的傳統德育欲去之而後快，剛好幾乎全盤西化的生命教育適時派上用場。所產生的偏差結果，雖曾被譏為忘本及缺德，最終仍不了了之。傳統德育充滿儒家教誨，可用道家稀釋，代之以生命教育則屬過與不及。

　　二書內容皆成稿於2003年以前，尚未觸及半百知命的重大心智典範轉移。不過那些年因為去中央大學哲學所兼課，開授生死學與生命倫理學相關課程，不時應邀參加研討會發表論文，便從善如流隨著學術圈文字表述與遊戲規則起舞，無形中累積起一些成果。待生命教育逐漸蔚為風氣，乃順勢結集出版，意外打響知名度。《生命教育——倫理與科學》所載的七篇論文，有四篇討論生命倫理學，其餘則涉及女性學與宗教學。事實上後者乃是我的升等參考作部分轉載和延伸，屬於較早作品。用學術教育界的眼光看，早先研究走的是正統科學哲學路線，後來轉向女性主義則屬另類；至於關注宗教議題，是因為協助籌設玄奘人文社會學院宗教學研究所。我原本自忖尚有幾分宗教感，後來一涉足才發現深不可測，便急流勇退，更敬而遠之，唯一收穫是留下幾篇雪泥鴻爪的粗淺研究心得。

《生命教育──倫理與科學》(三)

　　《生命教育──倫理與科學》主要構成部分的生命倫理學，正是科學與人文跨領域探究成果。由於我大學時主修哲學，輔修生物學，使得跨領域具有正當性，並非隨意撈過界。此外曾跟三名研究生合著《醫學倫理學》供非醫學生之用，而醫學倫理跟生命倫理有很大交集；但教科書不及深入，唯有在論文中得以發揮。生命倫理學顧名思義，屬於生命科學同應用倫理學的有機結合；而生命倫理更列為應用倫理學三大核心議題之一，其餘則為環境倫理和企業倫理。本書首章對西方生命倫理學的緣起與發展，加以系統整理爬梳，發現它「**已經形成兩大開展方向：學院生命倫理學（scholastic bioethics）和專業生命倫理學（specialistic bioethics）；前者多為大學內教學與研究的學者，後者則為受僱於政府或任職於醫療機構的專家。**」日後我一度出任大型公立醫院醫學倫理外部委員，也算得上學以致用。

　　由於是在研討會上所提出的論文，本書所收錄七篇一律遵守學術規範。尤其受到先前撰寫教授升等代表作及參考作的影響，我堅持全盤西化且僅採用英文文獻；為了負責起見，所有引用之處皆附上頁碼，可謂符合嚴謹程度。如今回想，在2003年以前我無疑是一個崇洋媚外的西化學者，甚至追隨學界慣例從事研究和

發表，而於1993年連續三載獲得國科會甲種研究獎勵，可視爲標準的「我註六經」時期。這種「劃地自限、自圓其說」的作法，助我順利取得教授資格，從此海闊天空自由自在，逐漸步入「六經註我」的空靈境地。念冷門的哲學拿到土博士，在學界不時感到邊緣化危機，即使努力隨俗地追趕主流，依然遙不可及。當上教授後失去奮鬥目標，一度感到茫然；繼而頓悟轉念，從此遠離顛倒夢想，道喜充滿走自己的路。但我並無意離開相對自由的教職，而是走向「中隱之道」。

中隱是白居易中年以後的爲官之道，使他不脫離中產生活而無後顧之憂；「中年中產中隱」的理想生活，正是我在二度心智典範轉移走向本土化以後，所選擇的生涯發展途徑。話雖如此，但我於知命之前的西化階段並非毫無所獲，亦未有覺今是而昨非之憾，此即大智教化「西用中體」實踐方向的「西用」之貞定。我在「二書」引言中反思：「在知識的瀚海與人事的逐流中，我不斷載沉載浮，起起落落，如今可說悟出一種心情和一份堅持。在邁入人生五十大關的當兒，我逐漸體認到『不以物喜，不以己悲』的心情沉澱，也更肯定『道不同，不相爲謀』的事業堅持。當上教授最大好處便是無後顧之憂，做起學問和寫起文章來更能海闊天空。」生命倫理學是很正規的「西用」顯學，港臺都有人將之與儒學思想結合，我則提倡「儒道融通」觀點，並將西用之學轉化匯入中體的天然哲大智教。

《生命教育──學理與體驗》(一)

　　生命二書之二《生命教育──學理與體驗》結集了五類文章，學理篇納入實務論文和一般論述，體驗篇則包括專業考察、生活反思以及讀書心得；不同於前書有部分論文完成在接觸生命教育之前，本書所有文字都反映出我對官方生命教育的見解及引申。1997年中從銘傳轉往南華任教，由大學通識教師變成研究所碩導，展開對國內剛起步的生命教育，進行教學研究與社會推廣工作，一時覺得似乎找到生涯發展的大方向，內心頗感欣慰。當時在多肯定少批判的認同心態下，寫了不少文章到處傳播宣揚生命教育，如今看來多少有些一廂情願。直到發現竟有不少宗教團體也在利用這座平臺傳布教義，我才逐漸冷靜下來退到一邊，以示道不同不相為謀。二書問世當年課綱草案出爐，看見一群深具宗教背景人士主導推動，我乃拈出「上有政策、下有對策；各自表述、各取所需」原則因應之。

　　我不反對宗教信仰，但更相信現世主義；由於各門宗教無不對於生前死後有所許諾，我乃存而不論，並敬而遠之。入老前後我對此有了深一層的領悟，遂著書立說，將人生信念進一步打造成反諷式的擬似宗教「大智教」，同時將蔡元培「美育代宗教」加以改造深化，擴充升級為「美育化宗教」。決定以回顧舊作借題發

揮撰寫《宇宙與人生——大智教的貞定》，正是當下反身而誠具體實踐。相較二十年前積極入世為官方生命教育到處奔走，如今更樂於以文會友，善結有緣人。離退七年後又返校擔任客座，同時講授大學部通識課及碩士班專門課，文字緣遂成為我傳道授業的方便法門。在二書之二中有如下體驗：「通識教育是相對於專門教育而言，二者皆屬知識教育。生命教育的精神在此正好相對於知識教育，主要屬於情意教育。……從教育的性質看，通識教育反映的是形式面，生命教育則屬內涵面。」

　　《生命教育——學理與體驗》分為學理篇與體驗篇編纂，在學理篇內匯集了五篇實務論文，它們都在一些實務性研討會上發表，因此同樣依照論文格式撰寫。但跟前書隨俗而全盤西化不同的是，實務勢必要扣緊現狀，因此參考文獻引用的都是在地中文資料。當時關注的議題大多跟個人所處環境經驗有關：通識教育以及對岸類似的文化素質教育、師資培育、安寧療護、殯葬管理等，對這些議題我都提出納入生命教育的建言，不過收效未見顯著。例如我曾在師培單位講授生命課，後來面臨高教評鑑而調整課程，竟因教師檢定不考而將生命課取消，至今仍未恢復。此外我曾撰有《殯葬生命教育》，卻從未派上用場，同樣因為未列為禮儀師必考課程。經過多年觀察反思，終於悟出其中緣由，主要就是資源配置和路線之爭。生命理念甚佳，但要排課就有排擠效果，內容也有主流及非主流之分。

《生命教育——學理與體驗》(二)

　　推動生命教育會碰上資源配置和路線之爭的情況並非空穴來風，微觀如我在教學上的遭遇固然如此，宏觀上政策推動亦非一帆風順。因爲生命課的推動部分目的在於取代傳統德育課，由哲學學者主導，不免引來輔導學界及訓育人士插手。至於要納入正式課程更是難上加難，自2001年教育部宣布爲「生命教育年」並推動中程計畫開始，歷經五輪滾動，才終於在2019年列爲普通高中必修一學分課程，其餘國中小學仍以體驗課爲主。新課綱較舊有的對焦清楚，大抵就是哲學課，包括基本與應用哲學在內，哲學人總算暫時勝出。不過愛智之學終究還是冷門學科，從我三十五歲拿到正宗哲學博士任教至今，涉及專門的正職分別在生死所與教育所，而非哲學系，其餘所授不外通識課。此乃教育市場的現實，於少子化的今天更形嚴峻。而當初能在哲學圈外謀得一席棲身之所，也該感恩惜福了。

　　受到哲學前輩傅偉勳和南華校長龔鵬程的推薦任用，我在當了九年通識教師後南下嘉義，慶幸尋得一處足以發揮的職位。意外成爲生死所創所所長，又適逢生命教育剛剛起步，我乃把握機會對二者進行有機整合，積極推動「生死教育取向的生命教育」。包括後來轉任大同服務的在嘉義四年間，因爲生命教育已

成爲政策一環，我經常應邀至國民中小學的「主題輔導工作坊」及「輔導知能研習營」授課，足跡遍及雲嘉南三縣。印象最深的是在一場校長研習活動上討論的自殺個案：「我剛搬到嘉義教書後不久，聽說有三名嘉義國中一年級的女生相約在蘭潭投水自殺。結果有兩人溺斃，一人獲救……。事件發生後近三年，一位校長……說那名獲救女生在休養一陣後，由嘉義市轉學至嘉義縣，進入他所服務的學校就讀，並且順利畢業升上高中。」此事讓我聯想到「留得青山在」的平凡古訓。

生命教育在1998年正式起步時，是由臺灣省政府教育廳所主導，教學對象爲省屬高中與國中生，開學未久就碰上臺中女中資優生廖曼君及男友殉情事件，使其立即背負起學生自殺防治的重責大任。次年發生九二一大地震，又加上災區心靈重建的工作。2000年改朝換代，新任教育部長曾志朗對生命教育情有獨鍾，乃編列大筆預算以推動四年中程計畫。可惜他因希望跟國際接軌，而堅定支持對岸發明的漢語拼音，被當道視爲「政治不正確」，上任未久便下臺一鞠躬。好在繼任者大多曹隨前例，沒有將政策砍掉，竟然一路發展至今，成爲高中必修課可算修成正果了。當年無論在嘉義還是臺北，由於推動生命課，不時會受邀撰文，久之便累積下不少文字。這些論述或評介文章總共二十四篇，構成了《生命教育——學理與體驗》的「一般論述、專業考察、生活反思、讀書心得」四部分。

《生命教育——學理與體驗》(三)

　　自視為思者醒客而非學者專家，我自1978年準備寫碩士論文起，開始用心思考並訴諸文字，至2020年的四十二年間共完成三十三部著作，眼前話說從頭則是第三十四種。我將大半生的心路歷程分為三階段：科學人文期（1978-1997）、生命教育期（1997-2008）、大智教化期（2008至今），其中以中期著述最豐，共得二十種。在這十一年間有一座轉捩點里程碑不能不提，那就是2003年人生邁入五十大關；心隨境轉，同時出現心智典範轉移，由「西學」向「中學」靠攏，終於體現出「西用中體」的治學方向。此一典範轉移的潛移默化，發生於當年暑假結束前，去往四川大學進行三週短期講學。這是頭一回在大陸較長停留，且非旅遊而係授課，得以真正深入地方民間，體察一個既親切又陌生的中國和中國人。我自幼被教導為中國人，此番返臺碰上大選，「去中國化」竟成角力題材。

　　入蜀講學心得曾撰寫一文〈蜀中見聞——川大講學記實〉，登載於校報《銘傳一週》，再收錄於《生命教育——學理與體驗》中。短期講學由陸委會全額補助，在對岸還能賺鐘點費，何樂而不為？兩年後我又如法炮製，前往山東大學授課，前後兩回都以推廣生命教育為目的。在我看來，無論是生命教育抑或大智

教化，其中心主旨皆不脫「宇宙與人生」，亦即天人地「三才」的關係。宇宙代表時空座標，人生便存在於其中，且完全無逃於天地之間；天地、世界、宇宙表示同一件事。半百之際我的時空座標捲入一場激烈選戰，時間長達半年之久。簡單地說，當時大陸像三十年前的臺灣，一切拼經濟；而臺灣則像三十年前的大陸，製造文化大革命。這種強烈落差自我返臺後，無時不衝擊著身心，終於促成二度心智典範轉移，從此澈底擺脫崇洋媚外，擇善固執地向中華文化認同回歸。

「生命教育二書」記錄我在此番典範轉移之前十載的心路歷程，雖然以生命教育為生涯職志的意念已有所貞定，但依舊人云亦云，缺乏中心主旨與核心價值。尤其不可取的是，我竟一度為了向主流路線靠攏輸誠，居然厚顏媚俗地模仿一些生命教師溫情主義式的忸怩作態，後來才悟出這就是宗教團體馴化人心的不二法門。二書之二最後一篇書評〈建構一系以「還陽學」為主題的生命教育〉，受邀引介《飛越生死線——臺灣瀕死經驗者的現身說法》。瀕死體驗（NDEs）存在與否見仁見智，但我在結尾竟寫下：「所謂硬心腸學者的特色即是『劃地自限、自圓其說』的科學態度，而軟心腸則反映出『有容乃大、海闊天空』的人文胸懷。希望所有關心還陽學的朋友都能以這份人文關懷共勉……。」這其實完全弄擰了心理學家威廉詹姆士對有無信教的軟硬心腸二分之說，如今讀來不禁汗顏。

《生命教育概論——
華人應用哲學取向》(一)

　　2004年是我的出版高峰期，共有六部著作問世，但並非全爲勤於寫作之功。因爲其中三種爲昔日文章結集，另一係跟研究生合作的教科書，眞正具有代表意義的只有《生命教育概論》及《教育哲學》兩種，它們的副題皆標幟出《華人應用哲學取向》，屬於個人反思用功之作。雖然此二書仍以教科書形式示人，但我的確想讓學習者聽到「不一樣的聲音」。這也是女性主義關懷倫理學創始人之一吉利根的振聾啓瞶呼籲，以及她的經典著作《不同凡響》，反映於我的頭一回心智典範轉移，亦即從正統轉向另類科學哲學。關懷倫理學另一位開創者諾丁斯曾著有另類的《教育哲學》，是我撰寫同名書籍的效法典型。女性主義令我在「西學」中看見不同的可能途徑，華人應用哲學則爲我貞定「中學」的知行道路；兩回心智典範轉移共同奠定了「西用中體」生命學問的基礎，身體力行至今。

　　《生命教育概論——華人應用哲學取向》可視爲我對官方說法撥雲見日的不平則鳴，因爲不吐不快，十七萬言在七七四十九天之內便一吐爲快，無奈至今十七載從未得著任何批評與回應，反映吾道頗孤。不過對此早已釋懷，近年不斷自我貞定，乃加碼

於2019年再出一書《新生命教育》，仍高舉「華人應用哲學取向」大旗，以示吾道一以貫之。為何我要對生命教育如此堅持，甚至打著官旗反官旗？因為它正好是新儒家學者陳德和所批判的至大無外、無所不包，果真足以讓人揮舞大旗各自表述、各取所需。高中以下有課綱不得逾越，我教的是大學生跟研究生，大可海闊天空地借題發揮。去年重返杏壇擔任客座，一學期二百五十名生徒受教，全年近五百，這便是大智教化的潛在市場，吾道遂不孤矣。大智教誨至少包括「無後、中隱、安樂死、自然葬」，皆非衛道者樂見，卻屬世間真知卓見。

　　《生命教育概論》能夠在極短時間內完稿，反映出我的強烈批判動機，意志集中力量也集中。話說從頭，1997年在南華初聞生命教育，僅為省府政策。精省後由中央接手，2001年頒布中程計畫，三年後高中課綱草案出爐，總算呈現完整具體的內容。此一舊課綱設計八科十六學分課程，卻僅需選修一學分，2010年正式實施，2019年功成身退。新課綱不再分科，改列五大核心素養，總算規定普通高中必修一學分。由此可見，當初八科宏圖已成明日黃花，我的批判之作如今已淪為無的放矢，又有何等意義？在我看來，此一壯舉無疑具有歷史意義，本書的出版理當在生命教育史之內記下一筆。事實上唯一史書《台灣生命教育的發展歷程》，的確引用過我的著作，但僅列出《生命教育——學理與體驗》而未涉及本書，殊為可惜。至於另外一層意義，則是它啟動了大智教化的腳步。

《生命教育概論——
華人應用哲學取向》(二)

　　《生命教育概論》既述且作，原本希望有人拿它來授課，後來發現是一廂情願，乃退一步希望生命教師用以自學成長，仍屬緣木求魚。直到近年終於恍然大悟，發現我跟官方意識型態互異，乃屬長期路線之爭；道既不同實在不必爲謀，終於擺脫官方框架走出自己的路，此即大智教化的緣起。不過舊課綱並非全無是處，七門進階課有四門歸於哲學，便令愛智之徒欣慰；其餘分屬心理學、生死學及宗教學，多少足以跟哲學互通聲息。本書架構共分十六章，首尾二章進行回顧與前瞻，中間十四章則針對進階七科，各分基礎與進階課題加以討論。每章四節的標題列舉，跟《生死學（二版）》及《醫學倫理學》相同，即爲「概念分析、批判思考、意義詮釋、綜合討論」，而這正是應用哲學表述的方便法門，用於教科書可謂恰到好處。至於日後書寫多以情意小品呈現，則臻入另外一種境界了。

　　本書標幟「華人應用哲學取向」，是有一定道理的：「應用哲學是一種『退一步想』的努力，這使得它跟心理學、生死學、宗教學等學科比較起來，是站在不同層次探討問題。哲學不但跟其他科學或科際學科一道處理人生課題，同時也退一步站在後面，省視本

身以及其他學科是如何處理人生課題的。應用哲學反思與批判的努力可說是其特色，本書正是站在這種後設立場上，對生命教育進行反思與批判地考察。」至於建構專屬於華人的應用哲學，則爲進一步的努力：「『華人應用哲學』的思想内容爲『後現代儒道家』的『中國人文自然主義』，這是一套將古典儒道二家思想的精義，在後現代華人社會加以融會貫通的新興產物，可視爲儒道互補的結果。」在當年心智典範轉移下所拈出的「中國人文自然主義」，如今已完整表述爲「後科學人文自然主義華人應用哲學」，簡稱「天然哲」。

「天然哲」主張儒道互補融通：「途徑大致有三：一是哲學思維方式的途徑；二是倫理學和人生哲學的途徑；三是文學藝術的途徑……。本書主張兼容並蓄，自哲學思辨出發，通過倫理實踐，創造生活美學，其理想人格境界乃是『知識分子生活家』。」這些引文皆屬本書末章的前瞻觀點，令人意外的是，十五年後新課綱竟然在「價值思辨」的核心素養内納入「生活美學」，並提出具體可行之道：「反思生活美學的能力，可以用對比的方式，呈現不同生活習慣（如：食、衣、住、行、育、樂等）帶給人不同的感受。」同時強調：「改變自我，思考如何讓自己成爲有生活品味的人，並瞭解品味並不等於奢侈的道理。」由此可見生活美包含了藝術美，但大智教更主張體現自然美；不只是懂得欣賞大自然，而是學會順應自然，勿事造作，此即作爲「天然哲」内核的自然主義之眞諦。

《生命教育概論——
華人應用哲學取向》(三)

　　《生命教育概論》以及早三個月出版的《教育哲學》，乃係我於二度心智典範轉移之初，理路一以貫之的系列代表作，在本書序言中有所體察：「『華人應用哲學』取向是我在去歲年過半百後，心路歷程的重大翻轉，可視爲個人學問生命的辯證揚昇。年輕時選擇念哲學，嚮往的是西方人生哲學，未料日後竟走上西方科學哲學的道路，並在無意間接觸到關懷生命的護理學，得以重拾我對人生哲學的嚮往，只是近年它是以民族文化的面貌和精神讓我感動。在我看來，『華人應用哲學』所反映出來的，主要即是『中國人生哲學』；它的活水源頭乃是先秦古典儒道二家思想，我有意將其轉化爲具有『後科學、非宗教、安生死』特質的『後現代儒道家』一體思想。……唯有在民族文化的脈絡中，靈明自覺地進行『生命情調的抉擇』（劉述先語），才算是真正彰顯『生命的學問』（牟宗三語）。」

　　這段序文代表我的一份宣示，彰顯爲學與做人的全方位本土化，以解消過去崇洋媚外全盤西化「二毛子的意識」（亦爲牟宗三語）。但是我不會矯枉過正走向極端的在地化。社會學家葉啓政曾提出本土化代表中國化，但此乃就文化根柢而言。相對地看，

傾向臺灣化的在地化，若歸於區域文化無可厚非；但在政治操弄下堅持去中國化，則不啻邪門外道。記得有回去「中國哲學會」開會，會長有容乃大邀請「臺灣哲學會」成員出席對話，其中一人竟然放言要以「臺灣哲學」對治「中華人民共和國哲學」，聞之不免令人扼腕，僅能視為走火入魔的謬論。偏偏綠色執政者無膽宣告獨立，只好抱著「中華民國」神主牌不放。既然如此，我乃倡議統獨之外第三條路，亦即自視為偏安而非流亡或地方政權，尋求與對岸共創「大中華邦聯」的可能。此一提案可見於南華前校長的六十自述《龔鵬程述學》。

　　邦聯之議受到大英國協和歐洲聯盟成立的啟發，當然有利有弊、見仁見智，我對此在日後《新生命教育》一書中有所闡釋。《生命教育概論》雖屬明日黃花，但是當初用功的痕跡無疑歷歷在目。舊課綱列有「生命教育概論」一科，對進階七科進行初步指示；及後呈現各科綱要，則更形系統化且深入表述。看見有此層次之分，我乃針對每一科目分基礎和進階兩部分闡述及批判，從而構成七科十四章。以生死學為內容的「生死關懷」科目為例，概論課希望教師「從自然的消長變化到人己親疏的死亡無常，引導學生瞭解死亡在生命中的意涵。」進階課更指示應「提醒學生具多元文化尊重的態度來理解各種生死觀，進而選擇適合自己的生死看法，形成積極的生命信念。」所言固然不差，但實際做起來恐怕困難重重。尤其在諱言死亡的文化氛圍中，要積極進行「腦內革命」方能畢其功。

《教育哲學——
華人應用哲學取向》(一)

　　《教育哲學》與《生命教育概論》幾乎在同一時間出版，但所
受待遇及重視程度卻是天壤之別；後者似乎從未得著官方人士的
青睞，前者則不但讓我受邀擔任國家考試的教師檢定命題、審題
和閱卷委員，更博得同行不錯的評價。這兩種教科書皆標幟「華
人應用哲學取向」，且有著內在理路上的相通之處：「我的努力
是希望通過教育哲學的講授，來從事更寬廣的『華人應用哲學教
育』；同時也嘗試從教育哲學的教學中，反思建構一套『華人哲
學教育學』。……本書倡議『華人生命教育』，……楬櫫『後科學
人文自然主義』，做爲以『中國人生哲學』爲理論、『華人生命教
育』爲實踐的『華人哲學教育學』之基本論述，且以『中體外用
論』的清楚立場，對修正的可能性保持開放態度。」近年我將「中
體外用」修正爲「西用中體」，以示「中學爲體」的主體性與核心
價值，以免本末倒置。

　　我是輔仁哲學系的「純種」，學士、碩士、博士一路讀上來，
前後歷經十五載，期間有五年在外服役及就業。純種有利有弊，
母系不用我別人也會嫌棄；我是第二十一名博士畢業生，在僧多
粥少情況下只好到外面「花果飄零，靈根自植」（唐君毅語），竟

然通過知識大旅行，意外練成一身「雜技」，得以延續哲學慧命並安身立命；生死學與殯葬學固不待言，教育哲學跟生命教育更是水到渠成。1997年我離開銘傳前往南華，從通識轉爲專門；2001年由嘉義北返，更從專門走進專業。回到銘傳進入師資培育中心及教育研究所，面對的大多爲未來和現職教師；中小學及幼特教師需要考授教師證，是如假包換的專業。說來慚愧，我雖領有講師、副教授與教授證書，卻是用學位及升等換得，從未受過專業訓練。我不懂教材教法和班級經營，上臺一度成爲「三板」教師，看著黑板、地板及天花板。

「師資培育中心」舊稱「教育學程中心」，是全面開放師範教育後的新興產物，把過去由師大和師院包辦的中小學教師養成教育，開放給各大學共享資源及共襄盛舉，一時讓有志爲人師表的大學生及研究生趨之若鶩。當年認爲學校跟銀行都是鐵飯碗，何況中小學幾乎全爲公立，教師兼具公務員資格，退休後可以坐領年金，好不愜意。我離開南華和大同的原因，分別是另起爐灶及時機未至，返回銘傳則基於因緣俱足。早年銘傳是專科，我只能教國文與國父思想；改制升格後，也僅以通識課糊口。如今吃回頭草，居然能在師培及碩班教教育哲學和生命教育，不啻延續了一以貫之的愛智慧命。當年官方政策鼓勵各大學在師培中心的基礎上辦教育所，套句對岸的話說，「兩塊招牌，一個班子」。無奈好景不常，原本合體的單位於2008年碰上高教評鑑，分屬不同學門受評，只好拆伙各自爲政。

《教育哲學——
華人應用哲學取向》(二)

　　拆伙後師培中心列為共同科、教育所編入社科院受評，把原本充分運作的團隊一分為二，從此走上不歸路。組織機構的特性之一，就是會形成本位主義，同質單位分化為兩個班子後必然漸行漸遠。倘若外在資源無所匱乏倒也相安無事，一旦環境變差就會面臨衝擊；過去招生盛況空前的師培和教研，意外碰上少子化浪潮襲來，只好各自度小月去了。這並非單一事件，而是社會變遷使然，必須放在一定時空背景中方能得見真貌。我講述這些涉及個人和單位遭遇並非題外話，而是尋思教育哲學究竟該當何去何從？現實的問題是，在招生萎縮導致買方市場當道情勢下，課程規劃與設計必須學以致用。尤其像師資培育屬於跨領域中游學科，學生的期待往往是立竿見影，因此講究潛移默化的課程就不受重視。如今師培和教研都將教育哲學列為必修，占了二或三學分，學生不免抱怨學非所用。

　　教育哲學作為一門跨領域學科，在教育的社科領域較之哲學的人文領域更受重視；教育系所都設有此課，哲學系則連選修都不多見。有意思的是，它雖然實質作用不大，卻長期列為教育系所必修課，類似輔系的師培都不例外。考其緣由，多少跟百年前

杜威來華講學兩載的影響有關。杜威兼爲哲學家與教育家，對教育哲學及其分支教育倫理學的建構貢獻至大。他來華傳道授業之舉，影響了後來國民政府的教育政策，從此重視教育哲學的傳統一直帶來臺灣。加上師範教育系統原本封閉，把哲學當必修課多少還可以傳授一些政治思想，這點跟目前大陸將思想政治教育銜接上生命教育的作法頗爲相似。只是時空現實早已起了重大變化，教育專業課程理當再思與重構。必修的教育哲學有必要重新設計打造，以因應宏觀的社會與微觀的個人眞正所需，講安身與了生的生命課或許更有意義。

由於講授教育哲學長達十二載，教生命課的時期更長，我認爲若要把前者改造成一門與時俱進且能學以致用的學科，將之納入歷史景深以培養學生的批判能力，同時予以生命化，應該具體可行。哲學看似無用卻具大用，通過嚴謹思考以言行針砭時弊正是其一；但光有哲學容易無的放矢，加上歷史社會的時空考量便能對焦批判。因此我建議將教育哲學跟教育史統整成「教育歷史與哲學」一科，簡稱「教育史哲」。這是效法由「科學史哲」所發展出來後現代批判性學科「科學技術學」（S&TS）和「科學技術與社會」（ST&S），針對官方政策所產生的問題，例如採用核電與否，加以分析及批判。從大智教化立場看，「教育史哲」最迫切也是最重要的用武之地，乃是大力批判「去中國化」的史觀與政策，藉以挽救民國國民下一代。用偏差教育洗腦年輕人再鼓勵他們投票，正是民粹式陰謀。

《教育哲學——
華人應用哲學取向》(三)

　　兩岸分治乃係歷史悲劇，但在當年韓戰的國際角力下，卻意外保住海島一隅，成爲繼中華歷史上東晉、南宋、北元、南明之後第五個偏安政權。民國命脈因海峽天險原本得以爲繼，如今卻因狹隘的在地意識執意要去中化，而提早面臨絕續存亡的危機，實爲不智之舉。維持兩岸關係理當「有利使力，無力使智」，效法歐盟而以「中華」爲名，合力促成一個邦聯式鬆散政體，或有可能長治久安。對此兩岸可以積極進行教育對話：「**兩岸不約而同地用心關注智育以外的生命教育或素質教育，的確對於我們嘗試建構『華人生命教育』或『民族文化素質教育』的課程論與教學論，提供了崇高的理想與目標。接下去就要看我們如何有效去落實了。**」課程論與教學論乃是教育學之下僅有的專屬分支學科，其餘大多具有跨學科甚至跨領域性質；教育革新理當由此著手，以打造與時俱進的相關論述。

　　《教育哲學》對我一生創作而言，無疑是座關鍵性里程碑；它雖然在架構上模仿了美國女性主義教育學者諾丁斯的同名著作，但其內容卻多少發人所未發。記得當年去國家教育研究院擔任教師檢定命題委員，面前擺了十幾種以《教育哲學》爲名的著作，當

然也包括我的書。坊間相關著述如此豐富，無疑跟它列為國家考試科目有關；但我當時發心著述，並未想到應付考試當參考書，主要還是為了推廣華人應用哲學。正因為如此，我的作品在眾多同名專書中獨樹一幟；例如教育學者簡成熙讀來，就認為是哲學味最重的一部。尤其在導論中，我效法醫學倫理學者對「醫學哲學」的仔細分辨，將「教育哲學」分為「為教育的哲學」、「教育中的哲學」、「關於教育的哲學」，以及「教育學哲學」來考察。這可謂發散性水平思考，最終希望建構「華人哲學教育學」，進一步造福國人下一代。

　　必須說明的是，教育學跟教育其實並非同一層次的事；它們乃分屬學理與實踐，不宜混為一談。教育哲學作為教育學之下的分支學科之一，跟教育史、教育社會學同列為教師檢定考科，其內容必然擁有豐富的學理。對此我在下筆之初即有所覺察：「本書的定位是偏向學理引介的教科書，而非準備考試的參考書，希望讀者在一開始閱讀時即能體察此點。總之，我們對讀者的建言是：『爭一時，也爭千秋。』真正的哲學學習雖然不一定有立竿見影的效果，卻可能蘊涵潛移默化的價值。」而我所宣揚的思想究竟為何？在結論中可以一目瞭然：「我要明白表示自己受到『存在主義、女性主義、社會主義、民族主義、人文主義、自然主義』一系思想的啟蒙，用以質疑相對面的『本質主義、性別主義、資本主義、世界主義、科學主義、超越主義』。」即以西用中體的系統思想推廣大智教化。

《教育學是什麼》(一)

　　我以哲學學者身分棲身教育系所,為深入其堂奧,乃嘗試著書立說,先後出版二書以示積極參與:「《教育學是什麼》一書的撰寫,是我做為一名哲學學者,對於教育學的自學方案第二份成果報告。2001年秋天,我初次踏入教育學的領域,在教育研究所講授教育哲學,為求系統整理自己的思維,三年後乃有《教育哲學——華人應用哲學取向》一書問世。然而教育哲學終究只是教育學的一環,我希望見樹也見林,同時知其然亦知其所以然,因此發心對教育學進行全面的瞭解,並嘗試見諸於文字,此即本書的緣起。」之所以敢於大膽撈過界,是因為「教育學之父」赫爾巴特本身就是哲學家。他生活於十八、九世紀前後的德國,於1806年出版《普通教育學》,被視為現代教育學之始。一如社會學由哲學家孔德所創,教育學亦然;有此淵源存在,激勵了我從事正本清源、推陳出新的努力。

　　《教育學是什麼》屬於一系列各領域學問入門叢書之一,不全然是教科書,多少有些科普性質。科普即指「科學普及」,當然也適用於「哲學普及」;然而我不能把教育學入門書寫得太哲學味,因為它發展兩百年來,畢竟已有自己的核心內容。但我的寫作立場仍為華人應用哲學,乃採取既述且作的途徑,先呈現教育學作

爲一門科學的基本論述，再適時借題發揮。對此我在後記中明白表示：「教育實踐一方面要注意教學技能，一方面也應關心教育目的；只是如今前者幾乎完全成爲學習者矚目的焦點，後者似乎乏人問津。而教育學乃是探討教育實踐的系統知識，甚至具有規範實踐活動的功能。基於這層認識，我也有意通過本書，提倡建構本土化的『華人教育學』。」對此我在本書第二篇〈教育學爲什麼〉當中提出的解答，正是「培養後現代儒道家的人格特質」，亦即大智教化。

　　本書寫作同樣中規中矩，十二章分列三篇，格式完全一致，每章均設計「問題、觀點、反思、討論」四節循序舖陳，章末再提出六題「再思」，同時照例端上「情意教育專欄——心靈會客室」，讓讀者咀嚼品味。全書三篇爲「〈教育學有什麼〉：教育史、教育哲學、教育心理學、教育社會學；〈教育學爲什麼〉：教育理則學、教育形上學、教育知識學、教育倫理學；〈教育學做什麼〉：課程論、教學論、師資培育、教育管理」。由於本書屬入門性質，因此不列參考文獻，而盡量在行文中適時參考他人相關著作，將紹述的主題說清楚講明白。基於自身哲學背景，很自然地會強調教育哲學的作用，因此用了三分之一篇幅去介紹哲學的核心分支，包括邏輯、形上學、知識學及倫理學。對這些哲學分支的深入探討，據我所知，似乎只有臺師大教育所博士班開授相關課程，足見其高遠深奧之處。

《教育學是什麼》(二)

　　寫入門書是很好的自我教化途徑，因為不夠瞭解，所以多方涉獵，雖博雜而不專精，卻能呈現出全方位的視野。我於二十七歲服役時在軍校初任正式教職，但一年半載淺嘗即止；三十一歲考取博士班同時到大學兼課，取得生平第一張國家頒授的講師證書，總算接續了超過半生的教師生涯。教師從事教育工作，但中小學和大專教師卻有著相當差異；前者必須接受專業訓練，後者拿到高等學位就可上臺。對我而言生涯發展始終都在困而學之，期間意外從事師資培育，成為老師的老師，當然不能洩氣，於是積極向教育專業補課，《教育哲學》與《教育學是什麼》正是在這種背景下所完成的功課。後者的寫作有些偶然，因為出版前書的公司將大陸各類入門叢書引入，因為缺少適合在地的教育學一冊，便邀我撰寫，讓我有機會對個人生涯的背景知識得到完整涉獵，同時推己及人傳播新知。

　　以哲學學者身分，進入教育系所任教，敘事觀點肯定與教育學者專家有所不同。我對教育學的理解受益於長期鑽研的科學哲學，在本書導言中有所說明：「我的學問專門領域是科學哲學及應用哲學，以此視角去看待教育學，可以形成兩種互補的立場：一是從事科學哲學式的『後設研究』（meta-study），即『後設教育

學』或『元教育學』；二是建構應用哲學式的『局部知識』（local knowledge），即『華人教育學』。教育學列入科學學科並源自西方雖無疑義，但是對其進行後設考察且加以本土化也有一定的正當性；本書即爲通過『後設教育學』批判以提倡建構『華人教育學』的努力。」後設觀點與方法，對一般讀者相對陌生，但它卻在近年生命教育新課綱中，列入高中生核心素養之一「哲學思考」內，明示「後設思考」就是「對思考進行思考」。反思之爲大用，正是應用哲學的眞諦。

　　教育學屬於跨領域學科，主要跨越社會科學和人文學兩大領域，而其本身則被歸類於社會科學的中游應用學科，以示在上游各基本學科的指引下，開展應用性的學理與實踐。根據「教育學之父」赫爾巴特的構想，教育學應由倫理學賦予宗旨、心理學提供方法；必須說明的是，倫理學與心理學在十九世紀初期皆爲哲學分支，後者於1879年始脫離哲學成爲科學。且當時所謂教育學係針對中小學教育，"pedagogy"意指「兒童教育」，因此以德育爲主，重視智育則是二十世紀以後的事情。我在本書首篇〈教育學有什麼〉中列出教育學的史學、哲學、心理學、社會學四大面向，其中心理學對一階的課程設計與教學實踐影響深遠且至關重要，其餘三者則構成對於教育活動的後設考察，屬於二階問題。教育史跟教育社會學探討教育實踐的時空背景，教育哲學則思考爲什麼要從事教育活動。

《教育學是什麼》(三)

　　教育學研究教育，《教育學是什麼》第二篇〈教育學為什麼〉藉著哲學的後設思考，去思考為什麼要從事教育。在各種答案中，柏拉圖哲學提供了與眾不同的視角。柏拉圖一向被視為觀念論或唯心論者，意念唯心造，感官經驗皆屬虛幻，心中觀念方為真實。這種思想跟大多數人的認知不同，連學生亞里斯多德都有意見，遂有「吾愛吾師，吾更愛真理」之辯。亞氏以感官體察為真實，對象為「殊相」的個別存在，至於「共相」的事物觀念或概念，則由心智作用抽象而得。此一抽象概念得之於柏拉圖，但老師主張觀念方為真實，才值得從事哲學探究。他認為各種事物的觀念，原本就存在人心靈魂之中，因為肉體感官的干擾多半被遺忘，教育的目的正是喚醒兒童心靈深處的原始記憶。這是相當原創的深刻認識，也難怪當代哲學家懷海德要強調，整部西方哲學史多少屬於柏拉圖思想的註腳。

　　〈教育學為什麼〉介紹了西方哲學的四門核心分支，其中理則學即邏輯，類似數學屬於工具性知識，為的是訓練人們從事有效思考。其餘形上學、知識學、倫理學分別代表哲學的本體論、認識論、價值論三大面向；後者還應該包括美學在內，而跟前二者共同體現愛智之學的真善美無所偏廢。像上述柏拉圖不同凡響的理

念，對教育活動的啓示，就在於形上學和知識學部分。「形而上者謂之道」，事物的本質或本體，看不見摸不著卻無所不在，人們必須通過深刻的思考方能得窺其堂奧。教育工作希望發人所未發，將前人積累的知識傳授給下一代只算頭一步，更重要的是給學生一把鑰匙，以開啓心靈的智慧之門。常識人人具備，不過多寡而已；知識爲常識的過渡與釐清，足以傳授他人；唯有智慧藏於每個人內心深處，必須通過教育的啓蒙，方能使知識更上層樓，進而開顯大智大慧。

教育學雖爲哲學家所創，但終究不能只停留在思辨階段，而必須落實於教育現場，以有助於教學者與學習者的有效良性互動。要達到此目的，符合人性本然的課程和教學是其關鍵，而教育學之下開設有課程論與教學論，遂構成其專屬的核心分支。本書第三篇〈教育學做什麼〉介紹教育實踐最重要的課程與教學，以及保證其能夠落實的師資培育和教育管理兩大課題。其中課程包括教師的教學科目跟學生的學習經驗兩方面，要雙方溝通無礙方能事半功倍，因此需在師培課之中安排講授教材教法和班級經營。我很慚愧從未學過這些門道，便瞎打誤撞當了三十八年老師。爲人師表之外我還不時兼任行政工作，甚至去企管研究所進修經營管理之道。因爲學校也屬於行政機構組織，需要講究人事時地物等各種資源分配。爲學習如何幹活當差，我意外接觸到社會科學各種知識，收穫相當豐富。

《生命教育——人生啓思錄》(一)

　　2010年秋季我在不同書局同時出版了兩本書，二者皆以生命教育爲名，也都是文章結集，但已悄然步入大智教化時期了。「大智教化」之說雖在2013年花甲耳順之際方才浮上檯面，但係以我五十有五所發表〈從學生生命教育到教師生命教育〉爲轉捩點和里程碑。此論文標幟關注焦點已從學生轉移到教師身上，將大智教化視爲生命教育民間版、成人版、擴充版與升級版的意念，即由此文而生。該文收錄於前瞻的《生命的學問》容後再談，《生命教育——人生啓思錄》則以回顧的舊文爲主，我在序文中寫道：「這本文集明顯具有雜匯性質，但一以貫之乃是我對人生的反思，遂名之爲《人生啓思錄》。內容從較知性的實務探討，到相當感性的性靈小品；甚至還包括剛起了個頭卻未完成的自傳。」那份自傳只寫了十一帖便不了了之，2013年才刊行另起爐灶的百帖全新創作《觀人生》。

　　本書共包含五篇，分別爲「生死關懷、倫理關懷、護理專業、殯葬專業、心靈會客」。其中護理文章原有意從過去研究的護理哲學深化發展至護理倫理，結果寫出兩篇論文便無以爲繼；不但寫書計畫告吹，也自此告別跟護理專業的對話，從而轉向殯葬專業，「殯葬四書」便屬具體成果。《生命教育——人生啓思錄》收

錄甚雜，序文交代：「本書的大部分文字都是邀稿下的產物，爲結集出版，乃加以修訂。它們不是什麼千古文章，但是代表著一名讀書人兼教書匠的用心之所得。劉半農的那句話『我手寫我心』，始終爲我所奉行。」本書蒐羅了讀碩士班時唯一發表的論文〈信仰境界的躍升——《約伯書》新探〉，以及一篇兼論道家與道教生死文化的文章。其實在此之外尚有一文，曾登載報端卻未收錄於本書的〈《心經》拾級〉，三者分別代表我對基督宗教、道教以及佛教的粗淺體認心得。

　　說起宗教信仰，我自認很有宗教感，卻對教團人士及活動敬而遠之；雖曾皈依受戒，卻又因緣未足而放下捨得。近年通過大智教化反身而誠進而創立大智教，並以教化主自居；這一方面固然有反諷味道在內，另一方面也的確是在向各種宗教系統見賢思齊而致意。「反諷」之說絕非對傳統譏諷，而是標榜一種後現代敘事，希望「各自表述、各取所需」。其靈感來自當代美國思想家羅蒂。大陸學者張國清於介紹羅蒂時表示：「在後哲學文化中，如果說還有存在的自身理由，那麼其理由就在於哲學將發揮它的最後一種功能：後設批判功能。用羅逖的話來說，就是對各門科學（包括自身）進行反諷的診療性功能。」我所提倡反諷式擬似宗教大智教，兼具對所有宗教以及對我自己的療癒作用。我相信現世主義，因此跟許諾生前死後的各門宗教背道而馳；爲擇善固執，必須通過自我療癒而貞定。

《生命教育——人生啓思錄》(二)

　　大智教義是說給無信仰者聽的另類話語，它在大多數人都不信教的華人社會肯定有市場而產生共鳴，我遂樂此不疲，逾耳順之後一寫再寫，眼前已是八年來第七種著作。重讀自己首篇學術論文〈信仰境界的躍升〉，多少有種恍如隔世之感；說它是學術論文，因爲曾經登載於輔仁《神學論集》。碩一時修習神學院長張春申開授的「聖經研究」，一度用心研讀經書，期末滿懷喜樂，呈上一篇學習報告，竟然受到神父青睞而推薦發表，不禁與有榮焉。當時我如此寫道：「信仰並非一潭死水或一紙教條，而是一種自覺的內在證道。唯有秉持一股對『道』無限仰慕的信念與信任，在面臨現實挑戰之際，能反身而誠，無向外馳求之誤，才算眞正地『睿見神』。……從無知到否定，再從否定到肯定，……可以被視爲『再生』，此乃信仰使人復活的眞諦。」這些文字的確是抱持著一顆虔敬之心寫下的。

　　在輔仁求學時接觸到基督宗教自然而然，前往南華任教後，身處嘉義鄉間同樣很自然地對民俗信仰燃起興趣。臺灣的民俗信仰不算宗教信仰，因爲沒有加入教團的皈依要求，而是隨緣流轉，到各地宮廟參拜，舉頭三尺有神明，心誠則靈。國內一大風景線正是寺院廟宇到處林立，道佛雜糅，好不熱鬧。但主管機關內政

部民政司禮儀民俗科，擔心邪門外道妖言惑眾，乃將佛教寺院以外的廟宇一概收編入道教名下加以列管，因此從統計上看來信道教者占六成、佛教三成，其餘加總占一成。這是指信教的人而言，不信者則不計其數。我在本書〈「道」的生死文化〉之內，將「哲學的道家」跟「宗教的道教」加以分判；於生死關懷中，前者展示「道法自然、自然無為、反璞歸真」特色，後者則體現「長生不死、內修外煉、人鬼殊途」性質。對照之下，道家與道教無疑大異其趣，不宜混為一談。

　　《生命教育──人生啟思錄》文集首篇收錄的〈談生論死〉一文，原本係為空大製作一般性社教節目的腳本，後來因故取消，我乃將之改寫成近兩萬字的生死學入門介紹，跟次篇〈生死學的理念與實踐〉搭配在一道，作為銘傳通識課講義，目前仍貼在網上供學生參考學習。具體作法是先講述後文，讓同學認識「一體五面向人學模式」與「四門生死專業」，再通過期中考深化這些起碼知識。至下半學期則以情意體驗方式跟學生談生論死，在「有『生』之年」中分「談不談、愛不愛、婚不婚、生不生、倫不倫、信不信」，於「視『死』如歸」下分「養不養、活不活、死不死、悲不悲、葬不葬、做不做」，次第呈現出跟安身立命與了生脫死相關的十二項課題。以這些教材授課行之有年，標題一目瞭然，內容言簡意賅，學生相當受用，可從期末心得寫作讀出，另加上遺書一篇作為共同作業。

《護理生命教育——關懷取向》(一)

　　2004及2007兩年我先後問世《護理生命教育——關懷取向》與《殯葬生命教育》二書，藉此向這兩種助人專業服務人員推廣生命教育。但此二書形式不盡相同，前者由六篇長論文組成，後者則根據高中課綱所蘊涵的精神計劃書寫。當初積極出版多少有幾分使命感，便向官方說法積極靠攏甚至媚俗輸誠，不料到頭來都淪爲一廂情願，二書至今從未派上用場。事過境遷，唯有一笑置之，同時擱置生命教育轉向宣揚大智教化，終於在近年有了可喜的進展。2020年秋季，空大請我講授網路課程「殯葬倫理」，採用十二年前舊作《殯葬倫理學》；那時大智教化尚未浮現，但如今開課需要準備播音講稿，提供學生參考學習，並列入考試範圍，總算得以正大光明地將大智教化發揚光大了。雖說考試引導教學不甚光彩，但卻是唯一借題發揮的大好機會；題綱投影片掛在官網上，終於有了出頭天。

　　《護理生命教育——關懷取向》收錄六篇論文，都曾在研討會上發表；其中前五篇維繫著教授升等著作全盤西化作法與精神，參考文獻全爲英文，無一例外。當初我手頭擁有大量爲升等而準備的書籍和期刊論文影本，可檢索的資訊毫無匱乏，在其中搜尋足以發揮的議題毫不費力，可謂信手拈來，水到渠成。延續

著升等論著的另類精神，五篇論文的主題基本圍繞著女性主義、關懷倫理、性別教育而發，這些都屬於首回心智「由陽入陰」典範轉移的核心價值。其中「關懷論」作為西方倫理學在「德性論、義務論、效益論」之後所發展出來的第四路線，由於為女性主義學者所創立，因此充滿「關懷」陰柔特質，而與前三者共有的「正義」陽剛特質相對。關懷倫理與正義倫理雖然相對，但並非對立而是互補。倫理學考察人際關係及人倫相處之道，需要的是觀念互補，而非心理互斥。

本書出版後，我雖然跟護理專業漸行漸遠，但在飲水思源的反思下，仍然對護理充滿感恩的心情。此等心情於本書序言中有所表示：「我之所以走上『生命教育』的道路，要感謝護理學提供了一處寬廣的對話空間。在1991年以前，我對護理的認識，除了家母曾經擔任軍護工作外，幾乎全是與一般人類似的刻板印象。而當那年開始在臺北護專兼課起，至今十三年間，護理學可說是我站在哲學立場最主要的對話學科……。護理學曾經長期追隨醫學腳步而發展，因此在倫理實踐上也接受了男性觀點的正義倫理學。直到女性觀點的關懷倫理學在強調多元差異的後現代之中應運而生，護理倫理學以及護理專業生命教育才算建立了自身的主體性。」主體性的貞定，正是大智教化積極追求提倡的價值與立場；兩回心智典範轉移，先後體現另類化與本土化，深藏不露的主體性遂能夠得見天日。

《護理生命教育——關懷取向》(二)

　　《護理生命教育——關懷取向》問世之年，恰逢統獨爭議極嚴重的總統大選，爲我二度心智典範轉移提供了充沛的活水源頭，終於促成對中華本土文化的全盤貞定。這種向傳統文化認同回歸，令我嘗試對西化的教育與護理專業，進行本土轉化及推陳出新；但是對傳統的殯葬行業則主張反其道而行，促使它有條件地朝西方學習效法。本書末章題爲〈從華人應用哲學看護理科學本土化〉，希望向國內護理學界建言，主動從事學科典範轉移，以利更有效落實助人專業的宏旨。我指出：「西方護理學者多年來對理論典範的積極闡發，……學者思索理論典範的最終目的，仍是在爲專業實務奠基。以人爲服務對象的護理專業實務，涉及社會文化背景既廣且深，站在東方的華人世界，護理科學本土化（**indigenization**）的課題，自然有其意義。」本土化以後始有權變之下的在地化（localization）。

　　「在地」有「局部」的意義，局部表示局限，任何知識學問都形成於特定的時空環境，連科學技術都不例外，科學的史學、哲學、社會學對此有系統的探索。事實上局部知識不只出現於在地，更爲本土所用，社會學者葉啓政認爲「本土化」乃針對「外來化—西化—全球化—現代化」而發：「本土化可以說是對整個學術

發展史的一種主體性的反思活動，基本上有企圖突破長期以來為西
方學術思考與表達之象徵體系所壟斷的格局，而另闢瞭解與詮釋之
蹊徑的意思。」他曾參與上世紀八零年代「社會及行為科學研究
的中國化」討論，另一位社會學者高承恕即強調，中國化其實就
是對歷史文化的自我肯定。屬於社會科學的社會學、心理學以及
人類學，在美國被另歸類為行為科學；國內社會及行為科學中國
化或本土化做得最積極的便是心理學界，出版學術期刊《本土心
理學研究》已近三十載。

　　本土化絕非在地化，曾任獨派政權首位教育部長的心理學家
曾志朗，有著明確體認：「本土化的中國心理學並不是要一味的排
斥西方的學理與研究方向，……我們應該去尋找新的途徑來避免陷
入……用西方的觀點來描述中國心理的誤失。但本土化心理學不是
為應付『國家』的區別而產生的……。它應該是依附在某一文化實
體而存在的。」無黨籍的曾部長是國內生命教育最重要推手，他一
上任就宣布要推動生命教育中程計畫，並將2001年定為「生命教
育年」。無奈有生命情調的人不會做官，不久就因為堅持使用對
岸漢語拼音以利國際接軌的主張，被自己的獨派次長排擠下臺，
這名政務次長去年仍在相同位置上不動如山。回顧這段生命教育
起步的歷史，令人不勝唏噓。政治不彰猶在，兩岸對立益深，使我
對推動大智教化的信心更加堅定。持續著書立說以貞定大智教，
雖千萬人吾往矣！

《殯葬生命教育》(一)

不同於《護理生命教育》爲論文集，《殯葬生命教育》澈澈底底是一部計劃撰寫的專書，我抱了很大希望也花了許多工夫完成它，到頭來卻乏人問津，完全派不上用場。我之所知道它慘遭滑鐵盧，是從出版社結算的版稅看出，因爲壓根兒就沒銷售幾本。相較於晚一年上市的《殯葬倫理學》被列入禮儀師進修用書，生命教育更顯得邊緣與失焦。但我從未後悔寫作本書，因爲我把它當作自我生命教育的功課，用功程度可以從參考文獻占了九頁得知。這是由指導碩士生研究相關課題得到啓發，可視爲教學相長的體現。本書架構跟《殯葬倫理學》雷同，除導論與結論外，本論列有三篇九章；三篇分別引介華人生命教育、殯葬生命教育以及進一步的專論。於專論篇章中，可以發現是依照早先《殯葬學概論》裏的自然、社會、人文三大課題來加以闡述，以呈現殯葬理念與實踐的跨領域性質。

《殯葬生命教育》於2006年初以兩個月時間完稿，當時我雖然對已經成型的高中課綱有所批判，但仍抱持認可態度，畢竟這一系生命教育類科目，乃是前所未有以哲學爲主體與核心的課程，在我看來大可借題發揮，乃盡可能將之融入首篇內舖陳。我以三章篇幅分別呈現「人性教育取向、人生教育取向、生死教育取向」

的華人生命教育，人性取向包括「人格統整與靈性發展」、「宗教與人生」兩科；人生取向涵蓋「哲學與人生」、「道德思考與抉擇」、「性愛與婚姻倫理」、「生命與科技倫理」四科；生死取向當然針對「生死關懷」而言。對這些既有進階科目的分析、引申和批判，反映出本書導論的旨趣〈從臺灣生命教育到華人生命教育〉；前者指官方說法，後者則爲我心目中對之的擴充與升級。「華人生命教育」日後逐漸擴充升級爲「大智教化」論述，從而擺脫官方設定的框架及路線。

　　當初我有心推動本土化的華人生命教育有兩層意義，一是內涵的轉化，另一則爲實踐的擴充。我發現官方說法不乏西化內容及宗教色彩，於華人社會不見得相應，甚至出現互斥，有待通過提倡民族文化意識與人文自然精神以反映其扞格之處。但我還是希望再強調一次，推動各種通識或專業生命教育走本土化路線都值得提倡，唯一例外就是殯葬活動。因爲殯葬的「中體」濃得化不開，甚至固執於傳統偏見與在地陋習，不免劃地自限，亟待學習「西用」以與時俱進推陳出新。大智教化的「西用中體」原則是互利互補，而非互輕互斥。別人的優點我們理當學來善用，革新禮儀民俗此其時矣。當然殯葬習俗仍深具本土根源，不宜全盤西化；學習西方優點也都集中在「節葬」與「潔葬」兩點。眞正要在內涵上改革創新的乃是「維繫孝心與禮義，簡化孝行和禮儀」，這需要「抑儒揚道」的眞工夫。

《殯葬生命教育》(二)

　　重讀舊作，仔細回想，感覺當時發心推廣殯葬生命教育，還確實有幾分理想性，這可從本書第二篇的舖陳架構得見。此篇三章分別提出「素質教育、專業教育、通識教育」三種取向，以考量如何落實殯葬生命教育。其中素質教育是大陸相對於中小學應試教育所設計的一套改革方案，到了大專層級就相當於我們的通識教育。本書寫作既然以廣大華人為對象，理當包含對岸在內，因此才想到將素質教育列入，可惜從未在神州大陸推動落實。至於針對國內情況，將生命教育分為一般及專業人員各自設計課程以進行教學，方能面面俱顧，無所偏廢。殯葬專業的情形其實跟醫護專業類似，均包含服務者與消費者兩造，對服務內容多少都存在認知落差。例如知情同意，醫護人員和患者及家屬便各有盤算，要通過有效溝通以尋求最佳解決方案。殯葬也是同樣道理，凡事不能重來，必須一次到位。

　　殯葬生命教育的重要課題，係以專論方式呈現，三章分別為「〈自然課題：遺體處理〉、〈社會課題：殯葬管理〉、〈人文課題：禮儀民俗〉」，此乃對照於《殯葬學概論》所列三大知識領域而發。殯葬活動自古有之，殯葬學術卻在美國興起，起源於遺體化學防腐的科學技術處理。對此臺灣主要採行冷凍式的物理防

腐，也就沒有太多科技方面的專業需求。在地最關注的首爲禮儀民俗，其次則是殯葬管理；後者實基於政策革新要求，否則小型葬儀社也無心接受地方政府的殯葬評鑑了。我曾擔任多年評鑑委員，就碰過業者以車擋道禁入拒評的抗爭；因爲沒有具體罰則，小生意還是繼續照做。評鑑在都會區還容易進行，走進較大的縣治就相對費事了。記得有回參與嘉義縣的活動，一天之內由海邊的東石、布袋，奔波到內陸的大埔、阿里山，看見業者反應冷淡，消極應對，不免感到既疲憊又洩氣。

臺灣幅員其實不廣，但城鄉差距下的保守人心卻明顯可見，針對民間百姓和各地業者的殯葬生命教育，推動起來相當不容易。二十多年來，我頂多應邀在產官學齊聚一堂的會議上發表意見，或於大型業者的教育訓練中作幾場演講，之外多半沒有什麼機會傳播理念。近年唯一突破是爲空大上網課講授殯葬倫理，全國有二百八十餘人上線學習，大部分爲想取得禮儀師證書的業者，我正好藉此廣爲宣揚，但內容已非生命教育，而是擴充與升級後的大智教化了。這次授課我還擔任一班面授教師，原以爲可以跟近七十學生面對面交流溝通，卻因疫情改以網路進行，意外成爲直播主。看見自己在螢幕上侃侃而談，學生則在一旁同步留言，感覺上輕鬆而不嚴肅。但是一瞥自己老邁的神情，想想還是藏拙的好。直播主當了四回決定功成身退，還是以不露面的文字緣爲佳，以文會友廣結善緣足矣。

《觀生死——自我生命教育》(一)

　　2004年結集的「生命教育二書」銷路不差，也帶動些許討論風氣，讓我接續在2007年推出「自我生命教育二書」，六年後更增為三書。「自我二書」的結集其實相當偶然，是因為之前答應一家大型書局撰寫通俗心理學專書，完成後竟然被退稿，原來我寫成應用哲學書不符所需。書稿被退契約猶在，只好另寫一本交差了事。原先這本後來名為《觀生活》自認滿意，乃搭配百帖散見各書的專欄文字，再度編輯出版「二書」。《觀生死——自我生命教育》匯集起我在七種教科書內的「情意教育專欄——心靈會客室」大部分哲理文章，增補編成百帖小品文集，成書動機尚包括應讀者要求。原來我曾以《醫護生死學》在耕莘護專授課，百餘小女生對教材內容還不如每章後小品來得感興趣，紛紛慫恿我日後將之結集出版，沒想到果真水到渠成，讓我擁有繼《心靈會客室》之後第二種小品文集。

　　《觀生死》與《觀生活》聯袂問世，首先要在書名上有所連貫。想到之前講授生死學係以學理為主，如今匯集情意小品以文會友，無非希望引起有緣人反思個人生死觀，遂以《觀生死》為名出版。至於同樣以小品形式撰成專書而非結集的《觀生活》，則初步建構起為大智教化奠基鋪路的完整人生哲理觀點。而間隔

多年出版的《觀人生》，更首度提出「大智教化」之說，但仍列爲
「自我生命教育」系列著作，之後的書寫則一律標幟大智教化。
《觀生死》可視爲《心靈會客室》續篇，其緣起載於自序：「本
書……收錄了……一百篇哲理散文，它們全是以一個名爲『心靈會
客室』的專欄型態問世。……最早見於《人間福報》婦女版，……
感謝……當時的主編高雷娜女士，她是我的老同事與舊識……。因
爲她的邀約，讓我手寫我心，使我有機會從『文字工作者』轉化爲
『作者』。」

　　百帖具有哲理性質的情意小品共分爲四大主題：「生老病死、
生住異滅、生生不息、反身而誠」，由於文章承載了不同教科書的
背景，而我所關注的人生議題多集中於生老病死，遂以此一主題
先行，首帖〈單身貴族〉更格外具有深意。我以此文堅定提倡無後
主義，實踐至今已歷三十六載，始終道喜充滿。近年更列爲大智
教友四項條件之首：「無後、中隱；安樂死、自然葬」，兩組條件
分屬安身與了生之道；但以最後一項爲基本條件，其餘則隨緣隨
喜。百帖尚含〈瘟疫〉一文，與近來持續的疫情相呼應，重讀更覺
感慨不已：「人生如戲，但是苦難當前，卻不能遊戲人生。像我身
爲一名教師，學校規定進入校園一律戴口罩，於是我蒙著面站在講
臺上，對著一群蒙面學生，講授同步體驗的『生死學』。」生死議
題看似遠在天邊，卻又不時近在眼前，生死書寫遂顯得更貼近每
個人的生命。

《觀生死——自我生命教育》(二)

　　「心靈會客室」與「大智教化院」是我所擁有的兩處臉書粉專網誌，雖屬傳教布道的方便法門，更多時候則歸自我療癒貞定之道。「我手寫我心，存在即自知」，作為哲學系以外的教師，邊緣處境有利有弊，有得有失。缺點在於未身處圈內無從比較，只能自行其是；好處則為在外大可海闊天空借題發揮，揮灑自如。對我的自了漢性格而言，沒有進入本行發展生涯，毋寧是幸運之事；它成就了我在生死學與生命教育方面的志業，進而開出大智教化坦途，老後備感欣慰。對此我在本書收錄的〈哲學教育工作者〉之中有所自省：「年輕時基於一股『非如此不可』的『生命中難以承受之重』，毅然把哲學系填為大學聯考第一志願，結果……成為大學哲學教授。……卻始終以『哲學教育工作者』自視，有時甚至自我調侃為『哲學從業員』。」我非哲學家，卻希望以「思者醒客」身分宣揚大智教。

　　在〈人無「信」不立〉之內我寫道：「身處華人社會，宗教氛圍原本即淡然而多樣……。然而縱使不信教，並不表示人生不需要作為靈性支柱的生活信念。『靈性』……更好是指一種內在需要的『精神性』。我認為這便是人生圓滿的起碼條件。反身而誠，我對信仰有所認同，卻不喜涉足宗教活動，看來只能也只求『自

度』。」此文寫於2003年，經過近二十載的自我開示與貞定，終於醞釀出具有反諷性質的擬似宗教「大智教」，藉以自度度人安身立命了生脫死。度人之事一切隨緣順其自然，倒是自度即屬從療癒到貞定的個人修行工夫，我至今未曾稍懈，持續書寫便是證道。其實寫作之於我並非水到渠成，而是困而學之。年輕時信心不足，不敢輕易為文，下筆亦僅述而不作。但是念文科只有二途，不是耍筆桿就是耍嘴皮，我先做記者後當老師，信心日增下終能既述且作，揮灑自如。

《觀生死》百帖中最後一帖〈終身學習〉有如下表述：「當老師和寫書，是我這輩子想也沒想到的事業。大學畢業以前，我的功課都很差，壓根兒就不曾考慮當老師；後來勉強考上研究所，開始體驗到為學的樂趣，就一路讀到博士，出來自然走上教書一途。大學教師寫論文是本務，為了更上層樓，還得擠出一本專書來。然而當我正式取得教授資格後，卻感到悵然若失，彷彿人生從此失去了奮鬥的目標。……在偶然的機緣下應邀撰寫教科書，一回生二回熟，竟然越寫越順。……它們都跟生命教育有關，就當作是中年以後終身學習的成績單吧！」原本以為當教學生涯告一段落也就同時擱筆了，未料入老前後心智成長居然更上層樓，五年五書讓我評上客座教職，教書和寫書的生涯竟得奇妙重整，於是乃有眼前《宇宙與人生——大智教的貞定》之創作。此番詮釋舊作，依然借題發揮。

《觀生活——自我生命教育》(一)

　　《觀生死》與《觀生活》結成二書同時問世，序言分題為〈心靈會客室〉和〈生命情調的抉擇〉；前者代表百帖小品的特性，後者則反映我的存在體驗與抉擇。在後文對全書旨趣有所闡述：「《觀生活》分為『我手寫我心』、『人學觀』、『人學的應用』、『生活的開展』、『生活的本質』、『生活觀』等六篇，其中首尾兩篇分別呈現我的敘事觀點和人生哲學，其餘四篇則有系統地探討人與生活諸面向。本書可視為我的第一種人生哲學著述，是我對近四十年前的年少心靈提問之自我回應，理當歸於自我生命教育成果。全書凝聚起今年初半月沉潛用心之所得，也算是當下生命情調的抉擇。」全書在2007年春節期間連續十六天伏案完成，平均一天七千文，雖未打破之前二十五年當《電視周刊》記者的八千記錄，依然寶刀未老。由於它具有彰顯自家本事的里程碑意義，值得花較多篇幅深入介紹。

　　說《觀生活》是我寫作上另一座里程碑並不為過，因為這是我頭一部既述且作的著書立說之作，它系統地提出我的宇宙與人生哲理，在末篇中以五帖次地舖陳，此即「存在主義、現世主義、後科學人文自然主義、後現代儒道家、知識分子生活家」。這些哲理與其說具有知識性，不如視為通俗信念情意表述，乃係我心目中

的「華人應用哲學」。我涉足哲學至今超過半個世紀，終於認定自己絕非專家，卻樂以雜家自居。對此我有自知之明：「我生活周遭有些標榜著『新儒家』或『新道家』的中生代學者，他們都對理論探索與學問事業做出了積極貢獻。這些全是積數十年之經驗的思想結晶，我望塵莫及，也不期待與之並駕齊驅；我想另闢途徑，走生活實踐的路線，尋求類似應用倫理學的『生命的學問』之開展。」而我作爲「思者醒客」的「愛智慧見」，到頭來也終於成就一家「哲普」之言。

　　本書的出版一波兩折，曲折之後竟出現意外收穫，確爲滿意結局。自序有云：「有家出版社編輯邀請我用《心靈會客室》的筆調，爲一套通俗心理學叢書撰稿，以自我療癒各種疑難雜症；我一時興起，竟然寫成應用哲學著作，當然不符所需。不過在極短時間內反身而誠，從而暢所欲言，的確是種難得的自我觀照。爲了保留這十六天心路歷程的雪泥鴻爪，我決定以其本來面目公諸於世，說與有緣人分享。」我雖然曾經赴美念了一學期心理學，但淺嘗即止，仍回到哲學懷抱。對此我有如下省察：「年輕時我選擇了哲學，而立之後哲學選擇了我。」我始終認爲心理學脫胎於哲學，二者仍有相通之處；將通俗心理學寫成應用哲學並無可厚非，自我療癒並不限於心理輔導，哲學諮商同樣有用武之地。我所宣揚的天然哲大智教，正是一套類似哲學諮商的自我療癒與貞定之道，亦即自我大智教化。

《觀生活——自我生命教育》(二)

　　當初應邀寫通俗心理書籍，我就想到用性靈小品的體裁盡情揮灑，但全書架構卻必須系統呈現，以利讀者一目瞭然。此即所謂「學者散文」書寫，以情意文字和形態，表達認知底蘊與內涵，通俗心理或人生哲理都符合此種要求。問題是我終究為哲學學者和教師，下筆實不脫好為人師的愛智慧見路數，交稿後竟然不符所期，只好另起爐灶，重寫的《從常識到智慧》拖了一年半載才問世。但是到頭來《觀生活》還是有機會跟《觀生死》結成自我二書連袂上市，銷路還算差強人意。本書初步系統表達了我心目中的人生哲理，全書先介紹我所開創的人學觀，再討論人生的方方面面。人學類似於哲學人類學，但並不盡相同；後者演進出科學人類學，前者則相對於神學。人學關注的是無涉於神聖境地的世俗生活，每個人都在其中體驗到生老病死無所不在，於是改善生活大可從瞭解生死談起。

　　全書首帖即談〈生死與生活〉，我寫道：「談生死其實是為了討生活，這是我十年來的處境與心得。而生死和生活都需要學，也可以學，但是無所謂『生死學』或『生活學』。本書題為《觀生活》，主要意指：人生在世，應該用心反觀自己，並且主動終身學習，從而開發出更豐富的生活智慧。」平心而論，我雖偶然當上南

華生死所創所所長，該所近年還成立了博士班，卻始終認為其實並不見得存在著「普遍的」群體生死學，而無寧是「本真的」個體生死觀。畢竟要談生死學恐怕必須大死一番，或是有著臨近死亡的切身體驗；我想除了因罹癌而發心著述的「生死學之父」傅偉勳以外，其餘大多數人包括我在內，不過只在紙上談兵而已。但即使如此，我還是拈出了「一體五面向人學模式」作為自家本事；《觀生活》的〈人學觀〉及〈人學的應用〉兩篇，便依照我的生死學理念與實務而建構。

〈人學觀〉以五章先後介紹「生物人、心理人、社會人、倫理人、精神人」諸面向，其中精神人即指具有「性靈之靈性」的典型人格。我在此章中先討論基督宗教、佛教和道教，再對焦於相互融通的「儒道家」人格典型，而以道家思想與態度為核心部分。我對道家的期待為：「作為生活智慧的人生信念，我提倡反璞歸真、順應自然的道家思想；它的最大作用，是對死亡的看淡、看破、看開。……追隨道家途徑，則推行環保自然葬便大有希望。一個人的生活態度，可由其死亡態度看出大概。我近年積極推動殯葬生命教育，正是為了移風易俗、推陳出新，以徹底解決殯葬活動為人們生活所帶來的困擾。」這是大智教生死哲理「向死而生、由死觀生、輕死重生」的具體實踐。至於〈人學的應用〉，同樣援引生死相關實務應用課題加以活學活用，亦即針對生活的「教育、輔導、關懷、管理」。

《觀生活——自我生命教育》(三)

　　若說《觀生活》具有創意，便是將古代東方「修、齊、治、平」理想和西方「眞、善、美」境界各有增補，使其更顯週全。修齊治平源自儒家「八目」，我曾對之重新詮釋，即以「格物、致知」體現「爲學」之道、「誠意、正心」代表「做人」工夫；再以爲學與做人之四目，共同落實爲「修身」的基本修養，然後更上層樓陸續實現「齊家、治國、平天下」的理想。儒家重視內聖外王的社會倫理，必須懂得與時俱進推陳出新；「八目」修養若要用於今日華人世界，就有必要加以修訂。依我之見，從「齊家」一下跳到「治國」不切實際，最好是在其間納入「合群」一目，以示積極關心與投身社會及社群。因爲古代之「國」僅指諸侯城邦，不似現代主權國家。再者「平天下」之說同樣過時，不妨改爲「入世」，亦即參與世界以促成全球互利共榮。從八目調整爲九目，正是爲了與時俱進。

　　另一項創意則是將成「聖」理想納入人生的「眞善美」境地。其靈感來自我的母校輔仁大學校訓，早年係「聖美善眞」，如今倒過來講，終究都將宗教神聖添加到世俗人性之內。眞善美之說是古希臘哲學家愛好智慧的最高境界，上主的神聖則代表希伯來信仰的終極嚮往；問題是人可以仰望神卻不可能成爲神，彼此始終

判成兩橛，不似儒家修身工夫登峰造極足以成聖成賢。對此我有所詮釋：「基督宗教將世界判成兩橛，分成神聖與世俗，或者天國與人間……。神聖與世俗的分判，與其指向真實世界，不如反映人格境界；聖人與凡俗之人終究有差，但差別心卻可能激勵人們超凡入聖。聖人就是功業偉大、人格崇高的人。……追求德行崇高的聖人境界，屬於儒家式的自我實現；道家並不作此想，老子甚至主張『絕聖棄智』，以回歸自然率真。」大智教認為道家反璞歸真同樣足以超凡入聖。

　　儒家重人文，道家親自然，後現代大智教所宣揚的「後科學人文自然主義」，係以自然之道融滲於人文，再以人文精神後設於科學；自然是根本，人文為體現，科學則屬發用。此一人生哲理觀點簡稱「天然哲」，雖於2019年《新生命教育》內方才全方位舖陳，但早在2007年《觀生活》中便已明示：「生活中無疑有許多疑難雜症和顛倒夢想，但那些都屬於枝節問題；我們理當在主幹上，去尋求解決之道。生活主幹一如本書整體架構所開展的『修身、齊家、合群、治國、入世』的人生階段，具有『真、善、美、聖』的崇高性質，可以用『生物、心理、社會、倫理、精神』一體五面向的人學觀點去契入，並於『教育、諮詢、關懷、管理』等實務中全方位落實。這整套工夫，可視為我的生活學之思想與行動、觀念與實踐知行體系……。一旦知行合一，生活便得以超凡入聖、反璞歸真。」

《從常識到智慧──生活8×5》(一)

　　《從常識到智慧──生活8×5》雖是我三十三部著作中，唯一的知名大書局出版品，但在問世前後都充滿波折甚至挫折，對個人而言可視爲失敗之作。當年本書編輯曾讀過《心靈會客室》，認爲我適於寫些心靈雞湯般的讀物，乃盛情邀約，我也樂於共襄盛舉。這是一套自我療癒叢書，編者在緣起中如此寫道：「面對著一個個受苦而無助的靈魂，我們能夠爲他們做些什麼？而身爲對社會具有責任的文化出版者，我們又能爲社會做些什麼？這一連串的觀察與思考，促使我們更深刻地反省……。以此爲基礎，我們企劃了〔LIFE〕系列叢書，邀請在心理學、醫學、輔導、教育、社工等各領域中學有專精的學者，……提供社會大眾以更嶄新的眼光、更深層的思考，重新認識自己並關懷他人，進而發現生命的價值，肯定生命的可貴。」這無疑是推動生命教育的良法美意，於我卻顯得眼高手低。

　　那時我雖然任教於教育所，卻自認爲哲學人文學者，對行爲社會科學的通俗表述並不在行，下筆行文很容易偏離編者的要求。其實我對寫作本書充滿熱情，因此在短短十六天內便完成任務，無奈興奮交差後許久未見回音。終於有天被請去喝茶，告知審查結果必須大修，並附上專家意見。當時我感到很驚訝，認

為此非學術著作，何以得此負評？回家後反思再三，告知決定重寫一本，不再費事修改了。被嫌棄那本不久以《觀生活》為題上市，新書《從常識到智慧》則隔了一年多才出版，副題為《生活8×5》，意指我熬煮了八五共四十盅有關生活的心靈雞湯，希望為讀者指點迷津。本書在國家圖書館編目的分類為「1.人生哲學2.生活態度3.修身」，總算擺脫掉行為社會科學的標籤，回歸人生哲理表述。只是我下筆已盡可能採取溫情式柔性態度，卻得不著讀者認同，更適得其反。

　　記得早年官方推動生命教育，希望培養學生擁有一顆「柔軟的心」；這點對未成年人尚無可厚非，於成人大眾則不免矯揉造作。想我的稟性氣質不但傾向自了漢，更不時憤世嫉俗，也因此最欣賞的哲學家乃是叔本華。要我推動生命教育的最佳進路便是哲學批判，而非心靈雞湯加上團體帶動唱那一套溫情媚俗。問題是《觀生活》寫成哲理書被退稿，我只好委曲求全，隨俗再寫一本交差了事。偏偏編者要求文章每篇須達兩千字，對我而言更是窒礙難行。因為我遵循散文大師周作人的寫作原則，認為小品文宜以千字為上限；若是一篇兩千，難免畫蛇添足。四十篇「中品」問世後如釋重負，大書局舖貨也的確到位，連對岸都買得到，只是得到的回饋卻令我十分洩氣。看見網上有大陸讀者留下「矯情」二字，當即恍然大悟；若非真正「我手寫我心」，只會落得事倍功半，甚至裏外不是人。

《從常識到智慧——生活8×5》(二)

　　花費一整帖篇幅去檢討本書的失敗，並非純然發牢騷，而是想瞭解其中緣由。事過境遷後，由大智教化視角進行反思，我的失策完全來自沒有堅持我手寫我心。如此看來那位給負評的讀者還真算得上知音，因為我一方面想走溫情路線，另一方面又要達成兩千字下限的要求，結果弄得左支右絀，進退失據。有此教訓後，我乃堅持走自己的路，不再做些力有所不逮的事情。好在之後著作大多擁有自主規劃與操作空間，令我感到海闊天空，自由自在，從而讓大智教義水到渠成，自然流露。回頭來看，《從常識到智慧》也非一無是處，還是盡可能發人所未發，像是提出「常識」觀解的重要，便受惠於波普的「常識實在論」。我認同常識，嚮往智慧，卻對大多數系統知識有所疑慮，尤其是看似嚴謹的哲學論證。因為那些經常為門戶之見，屬於「親見知識」之後「見山非山，見水非水」的分別心。

　　批判歸批判，本書還是有些發明，亦即從事常識的觀解。我在〈自序：常識即生活〉中寫道：「現代生活中有什麼值得一提的常識？我發現『口頭禪』是很理想的現成素材。所謂『口頭禪』，就是大家朗朗上口、人人對它都有一套自己看法的日常概念；尤其透過數目字來表達，更為民眾所熟知。像儒家實踐的『五倫』、佛

家探討的『五蘊』等，皆有其常識性的解釋。」我正是以此爲方便法門，集結了八組生活課題，分別提出五點說明，遂名之爲《生活8×5》，其標題如下：「生活的感受：眼、耳、鼻、舌、身；生活的領略：色、受、想、行、識；生活的執著：貪、瞋、癡、慢、疑；生活的沉淪：殺、盜、淫、妄、酒；生活的規範：仁、義、禮、智、信；生活的態度：溫、良、恭、儉、讓；生活的關係：君臣、父子、夫婦、兄弟、朋友；生活的開展：修身、齊家、合群、治國、入世」。

　　我對此表示：「本書正是我的常識之見，它不必莫測高深，有的只是深入淺出、淺顯易懂的思緒引申。這是我作爲哲學邊緣人的生活故事之書寫，目的並非建構哲學知識體系，但確實在爲安頓人生而著書立說……。希望達到潛移默化的理想，……能夠反身而誠，作出人生中最適當的存在抉擇。本書即依此理想而寫，如果要給它一個課名，就當作是柔性的『生活哲思』吧！」對照於編者所寫的出版緣起：「跳脫一般市面上的心理勵志書籍，或一般讀物所宣稱『神奇』、『速成』的效用，本叢書重視知識的可信度與嚴謹性，並強調文字的易讀性與親切感，除了使讀者獲得正確的知識，更期待能轉化知識爲正向、積極的生活行動力。」我自忖未能達到編者的託付，但仍然盡量以個人常識之見，去滿足社會上知識性需求，以激發讀者的愛智慧見。哲學原意正是「愛好智慧」，此即本書寫作宏旨。

《永遠的包校長》

　　作為反諷式擬似宗教的大智教，行大智教化以宣揚大智教義；大智教是一套堅守現世主義人生哲理的自我教化修行工夫，對生前死後之臆想完全存而不論，對世間宗教系統一律敬而遠之，擇善固執推廣活在當下安身立命了生脫死的大智大慧。身為大智教化主而非教主，我在安身立命的生涯發展上大致平實平淡平凡，至今六十有八，當了三年記者和三十八年老師，印證了學文科不是耍筆桿就是耍嘴皮的出路。而大半生教職生涯，幾乎都跟銘傳這所學校息息相關，套句我跟哲學的關係表述，同銘傳的因緣可以說：「中年就業我選擇了銘傳，老來回首銘傳選擇了我」，目前仍在學校擔任客座以作客。說起銘傳讓人津津樂道的，便是其創辦人包德明女士，俗稱「包奶奶」的她在擔任近四十二載校長後，於1999年初功成身退，安享天年至2009年，高壽百秩添一，是人間難得有福報的教育家。

　　2012年位於北京的中國傳媒大學規劃出版一套介紹全球女性大學校長的叢書，相中包校長的傳奇故事，於是派人來臺取經及蒐羅資料，同時訪問我這個關係人，因為我曾為老校長立傳《永遠的包校長》。本書於2007年銘傳五十週年校慶當天出版，算是一份祝賀大禮，同時紀念老校長創校半世紀功業。在前言中寫

下：「包校長年輕時受的西學訓練由社會學而經濟學，後半生全力辦經貿商管教育，對臺灣經濟發展貢獻良多。……包校長事業成功還有一項更重要的因素，那便是她始終以傳統中國倫理道德的價值觀和行事作風來待人接物，像尊師重道、嚴管勤教等。……西方的經濟學係從倫理學脫胎而生，……包校長則是一位自憂國憂民的關懷中，選擇以經世濟民學問辦教育的看重倫理的傳統長者。」近代「經濟學之父」亞當斯密當時正是道德哲學教授，融倫理價值和市場價格於一爐。

　　1988年初我取得博士學位後，無憂無慮過了一個春節，然後為生涯前途到處投帖謀職。結果除一處有回音外，全部石沉大海；唯一有消息的，正是當時的銘傳商專。四月中我揮汗氣吁吁地爬上臺北士林福山，接受包校長的召見面談，三天後便接到專任副教授聘書，從此展開半生教育生涯。耳順提早退休前，我在銘傳總共任教二十一載，近半時間兼行政職，最不能勝任的就是擔任包校長的主任秘書。好在她老人家有容乃大，私下待我像小朋友一般親切，為日後替她立傳奠定了一份善緣。在結語內我表示：「與其說我在為一位大人物寫傳記，不如說我在為一個老朋友寫故事。……中年後辦學校，……硬是把銘傳辦得跟別的學校不一樣，這才是她的本領。原本平凡的作為，卻在她的擇善固執下點石成金，變成別人口中的不同凡響，這就是她的獨到功夫。」此即我心目中永遠的包校長。

羅中峰
《中國傳統文人審美生活方式之研究》

　　2007年入秋五十有四，開學未久某日正在松山候機前往馬祖授課，意外接到校長電話，剴切交付重責大任，為迎接來年高教評鑑，出任陽春的社會科學院院長。於是未來兩年我在生涯最後一個重要職位上盡力而為，不求有功，但願沒有任何閃失。好在到頭來評鑑順利過關，我乃選擇急流勇退，申請休假研究一年，去對岸一邊寫書，一邊推廣生命教育。在院長位置上不敢講全力以赴，是因為看見別的院長比我更拼，對比出我力有所不逮而覺得慚愧。試想人過中年漸有眼高手低、力不從心之累，卻被推上第一線，於兩年內出席大大小小兩百場會議，就是為了維繫住學校命脈與生機。此乃私校共同宿命，處於其間只能說人在江湖、身不由己，不時令我萌生退意，現實中卻只能迎向一個個浪頭。說來也奇妙，就在職場中載沉載浮的當下，竟讓我抓住一塊漂流木，從此改變了我的後半生。

　　此物乃是一本不起眼的學術著作，係社會學者羅中峰所著博士論文公開刊行的《中國傳統文人審美生活方式之研究》，由我的《人生啓思錄》同一家洪葉公司出版，是在中央大學內敦煌書局淘寶所得。簡單地說，本書讓我初識白居易「中隱」之道，為日

後大智教化平添上「中年中產中隱」的重要論述。如今中隱已成為信仰大智教四項基本要求之一，其餘為無後、安樂死、自然葬。究竟中隱之道為何？本書有所闡述：「這是一種在個人生活秩序的組構上明確劃分『私領域』與『公領域』的策略。行動者必須設法在世俗日常生活的時空結構之外，區隔出非日常生活領域以安頓其審美行動場域……。以審美實踐肆意發洩其對於社會現狀的不滿情緒，而獲得心理治療的成效，並強化其對於遵循世俗日常生活行動規範的服從度。」這對我當時人在江湖、身不由己的處境，頗具醍醐灌頂之效。

　　羅中峰大作神奇且適時地出現在我的人生因兼濟而「坎陷」（牟宗三語）下，暗中助我一臂之力得以再起；它既引領像我這般中國傳統文人審美生活方式的開創，更讓我發展中隱之道的療癒與貞定功能，讀來相當感同身受。我甚至曾經熱心地去原出版社買了三本分贈友人同道，無奈未見任何人讀後有感，或許是博士論文艱深難解吧！作者既是社會學者亦為藝術史家及社區營造工作者，任教於佛光大學。我從未與之結識謀面，僅善結文字緣；而佛光與南華皆為同一教團所創，似又為另一種因緣。我將本書列為生涯發展「生命教育」時期之末，而非早年「閱讀啟蒙」時期之內，正是因為它對我邁入「大智教化」時期起了一定的作用。這或許可視為第三回心智典範轉移，亦即從宏觀的傳統文化之認同，深化為微觀的中隱生活之貞定；當然這必須是中年以後生命情調的抉擇，不宜過早為之。

大智教化

（2008至今）

　　我自視為一名無足輕重且不求聞達的中國傳統文人，家世不算顯赫，但堪稱書香世家；祖父鈕傳善於北洋政府擔任過財政部次長職務，父親鈕先銘則為武將兼文人，退伍後曾出任國民黨正中書局和退輔會華欣出版公司總編輯。這種外省子弟背景在現今社會多少算「政治不正確」，令我頗有所感，乃形諸文字，以尋求出困之路。2006至2009年間我為教育所連江班授課，穿越海峽十五回，其中一趟搭船返臺，乘風破浪中思及生長浮沉於海島一隅的意義。臺灣島上這個國家叫中華民國，但其領土範圍還包括大陸旁邊的金門和連江。有天我在馬祖北竿遙望對岸，感覺近在咫尺；近年赴金門授課，降落時會看見廈門的高樓大廈。兩岸實際距離不遠，心理距離卻越發遙不可及。這些現實落差為我推動多年的生命教育，帶來了改革創新的契機，終於醞釀出大智教化理念與實踐，雖千萬人吾往矣。

　　大智教化最簡單的意義，就是凝聚古今中外聖賢才智大智大慧所推廣普及的安身立命了生脫死之道。它主張後科學人文自然主義華人應用哲學，是以道家思想精神作為核心價值，在政治現實中最迫切的任務，就是破除儒家不合時宜的「正名」觀。堅持正名的心態在兩岸如出一轍，像對岸堅持要我們在國際上使用「中華臺北」，我們則越發想以「臺灣」為名並極力去中國化。這一矛盾目前非但無解且益發尖銳，我乃著書立說尋思解套之道，倡議一種類似邦聯制的虛擬架構或為可行途徑。總之此乃大時代的故事，我在暮年餘生恐怕看不見圓滿結局；但身為生命教師仍不吐不快，於是自2008年中便開啟我的心路歷程「大智教化」時期，刊行七書以示知其不可為而為。反身而誠，其實我的個性傾向與世無爭，卻又容易心生不平則鳴；但為避免與人衝突，就僅止於寫

下來自我療癒貞定一番。

　　當前國人平均餘命已達八十，法定六五退休似乎嫌早；我雖於六七回聘客座，但覺得七十致仕恰到好處。白居易有詩〈不致仕〉云：「**七十而致仕，禮法有明文；……年高須告老，名遂合退身。**」看來離退之事也應該像陶淵明〈形影神〉所言：「**縱浪大化中，不喜亦不懼；應盡便須盡，無復獨多慮。**」而蘇東坡在〈和陶神釋〉中則表示：「**仙山與佛國，終恐無是處。甚欲隨陶公，移空酒中住。**」陶白蘇三公是我尚友古人的心目典型，遂樂於親近效法。如今在六十有八出版新書，主要是想通過大智教的視角，用以觀照自身在「三才」中的位置，乃對個人著作全盤檢視並加以詮釋，同時不忘借題發揮。老來越發珍惜「我手寫我心」的機會，成書公諸於世無非以文會友善結有緣人。書籍屬於傳播學者麥克魯漢所言「冷媒體」，必須積極熱情參與投入方能解讀，本時期的七書值得一一品味。

《生命的學問——
反思兩岸生命教育與教育哲學》(一)

　　大智教化作為生命教育民間版、成人版、擴充版與升級版的理念，醞釀於2008年〈從學生生命教育到教師生命教育〉一文，兩年後收錄於《生命的學問——反思兩岸生命教育與教育哲學》書中。但是當時「大智教化」之說尚未出現，頂多以「華人生命教育」彰顯之；新說法正式形諸文字，則是2013年出版自傳的事情。而「華人生命教育」的提法，則可回溯到更早期寫《教育哲學》時的心境，亦即認同中華本土文化的第二回心智典範轉移。原本標幟「華人」仍針對學生與學校而言，之後強調「成人」則先以教師為對象，再擴充至社會大眾。《生命的學問》主要匯集我於2008至2010三年間在兩岸各地所發表的研討會論文，內容不外生命教育與教育哲學二端；其中〈大陸高校「兩課」的教育哲學解讀〉因為登載於名列A&HCI期刊《哲學與文化》，還曾獲得銘傳頒發八萬元獎金的榮耀。

　　A&HCI與SCI、SSCI、EI齊名，係美國一家學術評量統計公司所作出的期刊論文索引認證，分別顯示藝術人文、自然科學、社會科學、工程科學四大領域期刊索引的普及程度，深受兩岸學術界所看重，甚至列為教師評鑑與升等的重大指標。國際間學術論

文的評比大多以載入英文期刊為主，這在科技領域無可厚非，對人文藝術就顯得矯枉過正。好在該公司後來從善如流，對所認證的藝術人文期刊論文，可以本土在地文字呈現，遂讓我用中文撰寫的論文得見天日且受到肯定。身為本土學者，我從未以外文著述，頂多寫摘要及列舉關鍵詞而已。不過當上教授至今四分之一世紀，這點對我並未構成困擾；僅適用於華人的天然哲大智教，原本就具有本土化局部性，不必然一定要跟國際接軌。尤其近年我越發以中國傳統文人自居，壓根兒就對牟宗三筆下崇洋媚外「二毛子的意識」不以為然。

　　《生命的學問》之名正是借用於牟宗三早年同名著作，特此向他致敬。對以上學術界全盤西化的媚外現象，他老人家似乎早已預見並大加批判：「真正的生命學問是在中國。但是這個學問傳統早已斷絕了，而且更為近時知識分子的科學尺度所窒死。……他們對於西方的一切，倒是有偏愛，可是……就是想愛，亦愛不上。這就表示中國近時知識分子的心態是怎樣的淺陋了，對於生命學問是怎樣的無知了。……所以知識分子的智慧、德性與器識，真是無從說起了。」這種堅毅表白讀來相當痛快淋漓，可視為傳統文人振聲啟聵之聲，用於宣揚作為生命學問的大智教化更是貼切實際。牟宗三出身老北大哲學系，受前輩熊十力推薦返校任教，卻被胡適拒於門外，誠屬憾事。牟先生後來成為當代新儒家代表人物，其弟子門生所創辦的《鵝湖》月刊，至今已出刊近半世紀不輟，著實難能可貴。

《生命的學問——
反思兩岸生命教育與教育哲學》(二)

　　《生命的學問》是我的學術論文集，五年後出版的《大智教化》亦然；學者不斷發表論文乃屬學術生態現象，匯集成書則可看出學思演進成果。不過本書除了展現學術成果外，還具有人生轉折的里程碑意義，序言有云：「三年前完成《殯葬倫理學》撰寫後，作爲頂客族的我，生命情調起了相當大的變化。直接原因來自兩件事，一是重作馮婦奉命擔任學校高階主管，以至人在江湖、身不由己；再者一年半載內爲兩位至親送終，終於上無父母、下無子女。正如當代美國哲學家諾齊克在《經過省察的人生》一書中所言：『一個人在其父母雙雙去世之後，他自己的死亡對他而言就變爲眞實的了。』」五十六歲那年春天老母辭世，秋季放下一切去大陸休假研究，順道雲遊四方，並開始認眞思考個人衰老受病的「向死而生」途徑。相關心得化爲一篇篇生命觀解，之後收錄於本書之中。

　　《生命的學問》共分四輯十五篇論文，內容涉及兩岸的生命教育與教育哲學，各輯分別爲「起：問題呈現、承：在地發聲、轉：大陸探詢、合：反身而誠」，寫作期間跨越兩年。那一陣是我前往對岸最積極的時期，甚至一住兩、三個月；論文有三分之一在大

陸發表，既有助於研究，也開啓了對話。休假返臺後便連出二書，即本書與《人生啓思錄》，算是繳交了豐富研究成果。2010年前後兩岸領導人相對和善，管制較爲鬆散，關係便更形緊密；對照之下今非昔比，完全不可同日而語，彷彿開了倒車。不過如今由於年事漸高，加以疫情持續未止，我對渡海傳播大智教的意願已漸趨淡薄，轉而在偏安海島上貞定自家本事。一飛沖天的機會還是有，搭機僞出國去金門授課，遙望對岸若即若離，同時見證國內旅遊的盛況。跟金門中小學老師談生命教育如何安身立命，輒是另有一番滋味在心頭。

　　金門與廈門最近的直線距離爲三千米，若在平地步行就是三刻鐘。有回在飛機上看見大小金門在修橋，若跟廈門又何嘗不能？對岸甚至規劃了一條「京臺高速」，以聯結北京與臺北；從大陸修建杭州灣及港珠澳兩座大橋的經驗看，高速公路跨海來臺並非難事，眞正困難在於如何破除彼此的心理糾結和障礙。近年兩岸關係幾乎凍結，虧得有疫情，只能自顧自。回想十幾年前我還眞有份使命感，想藉生命教育搭平臺互通有無，如今一切俱往矣。面對是非成敗轉頭空的心境，我乃拈出四句教明志：「享閒賞情趣，親性靈體驗；做隱逸文人，過澹泊生活。」這是一種獨善吾身的人生美學，我遂在本書〈修養哲理〉一章中寫道：「由於現代中國人大多活在『忙、盲、茫』的快步疾行中，不免興生『人在江湖，身不由己』的感嘆，乃有必要通過自我教育，發現屬於自己的修養哲理。」

《生命的學問——
反思兩岸生命教育與教育哲學》(三)

　　我自認有著心智上的潔癖，倘若發現眾人皆醉我獨醒，則寧可離群索居遺世獨立。但這在現實裏終究不可能，乃退而求其次，盡量效法白樂天力行中隱之道。對此我已發展出一套自處論述，稱作「智者逸人」，而與「思者醒客」的自許相輔相成，相得益彰。在〈智者逸人〉一章內我指出：「成人生命教育可分為『生存基調的鞏固』、『生活步調的安頓』、『生命情調的抉擇』三大方向，它們分別針對人的『生物／心理』、『社會／倫理』、『靈性／性靈』三個構面，實踐『後現代儒道家』的生存策略、『知識分子生活家』的生活型態，以及『智者逸人』的生命境界。」能夠獨立思考判斷並且知行合一躬行實踐的人，就算得上「智者」；而於日常生活中「無為無不為，為而不有」並從困境中抽離以全身而退的藝術，便屬於「逸人」。「逸」指逃走，是逃向生活而非逃避生活的中隱之道。

　　在寫這些論文時，我剛從行政職務中抽離全身而退，申請到去大陸休假研究一年的機會，不亦快哉。大學休假研究的制度乃效法美國，讓專任教師連續任教七年後，得以帶職帶薪休假作研究，這是根據猶太人耕作七年休耕一年的傳統，讓土地休養生

息。此一制度在臺灣大多施行於公立大學內，私校較少落實；未料官方大張旗鼓舉辦高教評鑑，公私一視同仁，竟然讓私校的法規制度一次到位。像我出任陽春院長，又得以利用積分申請到學術休假機會，無不是拜評鑑之賜。此例一開，源頭活水自然來，銘傳倒是大方地從善如流，日後不但正教授享有福利，連副教授都沾光，的確是一種良法美意。當時規定休假歸來，至少要寫一篇學術論文以示研究成果，我對此加碼回報，出版《生命的學問——反思兩岸生命教育與教育哲學》一書，末輯四篇皆完成於休假期間，算是不虛此行。

在對岸研究期間所寫的論文之一〈「華人應用哲學」建構試探〉，首次嘗試將過去以《華人應用哲學取向》為副題所撰寫三種教科書的理念說清楚講明白。本論文的特色乃是對哲學所關注的宇宙與人生無所偏廢：「人生並非孤零懸掛著，它既無逃於天地之間，就該學會如何頂天立地。『天地』即是宇宙時空，也稱作『世界』。……宇宙交織出時空世界，它先體現於自然，再發展成社會。人們面對自然與社會，能夠從事科學理解，也可以表達人文關懷；西方人長於前者，中國人重視後者。『中體西用』要求華人無所偏廢，努力尋找屬於本土的因應宇宙與人生之修養哲理。」其中「中體西用」如今已修正為「西用中體」立場，以示中土學問的主體核心性。我對宇宙與人生議題的構面，分別提出科學技術哲學、針對群體的應用倫理學，以及運用於個體的教育與教化哲學，這些皆我所長。

《大智教化──生命教育新詮》
（一）

　　我於2013年暑假專任教職期滿二十五年，且將屆耳順之際，在銘傳申請自願提早退休。但因為準備不周，必須延後半年，便乾脆請無薪假先行去職。次年初正式領到「中華民國私立學校教職員退休證」，並根據當年國人平均餘命的指標，開始分二十三年支領月退金。自願離退頭兩年幾乎完全未涉足教學，除游走兩岸外便埋首著述，試圖將心目中的大智教化完整建構與呈現。2015年中論文集《大智教化──生命教育新詮》終於問世，匯集了十八篇論文，後半部正是兩年沉潛的成果，頗覺道喜充滿。由於過去有著學術休假經驗，我對離退下的自由自在並無不適應之處；唯一遺憾是文章寫出來沒人討論對話，遂於當年秋季受邀至母系兼課，講授老本行「自然哲學」，過去稱作「宇宙論」。本書所收錄〈自然哲學的再視與再思〉，正是為重登杏壇所準備的講義，對此我充滿了期待與希望。

　　自然哲學是哲學內極為邊緣的分支，除了輔仁外幾乎沒有其他哲學系會持續開授此課；其內容以十七世紀科學革命前的哲學宇宙論為主，不太涉及日後發展迅猛的科學宇宙論及天文學。但在我看來，既然哲學關注宇宙與人生二端，理當無所偏廢；探討

宇宙的自然哲學，就應該跟我所強調的人生哲學平起平坐。正因為如此，我樂於到處宣揚自然哲學的重要性，並於2020年秋季重開此課，同時接下為《哲學大辭書》撰寫〈自然哲學〉辭條的任務，篇幅多達兩萬字。由於生涯起步之初，有近二十年鑽研科學哲學課題，而自然哲學可視為自然科學與科學哲學的前身，所以無論是授課或撰文，皆通過將哲學史和科學史加以統整後的觀點來講述自然哲學。尤有甚者，近年在建構大智教化論述而拈出後科學人文自然主義後，「自然」一辭於我便感到格外親切且有多重意義，遂發心一探究竟。

「後科學人文自然主義」是大智教化「西用中體」方法論所體現的重要成果，其中「後科學」與「人文自然」分別反映出西用和中體思想。將儒道二家貼上人文及自然主義標籤的哲學學者，前有胡適，後有傅偉勳，看法大致不差。為深入思想堂奧，我購得一部臺大出版的五百頁巨著《自然概念史論》，得以窺見此一概念的來龍去脈。如今用「自然」一辭去指涉西方人眼中的「大自然」，乃是十九世紀日本人借用漢字翻譯西書的結果，其原始出處則來自老子的「道法自然」，表示「自然而然」的狀態。瞭解此點，於本土使用「自然」概念大可兼容並蓄：「就像科學哲學有『科學哲學』與『科學的哲學』之分，自然哲學也不妨從寬認定包括『自然哲學』與『自然的哲學』；後者的『自然』與其說是名詞，還不如視為形容詞，因而帶有中華文化所特有的『自然而然』、『順其自然』之意。」

《大智教化──生命教育新詮》
（二）

　　《大智教化──生命教育新詮》收錄的十八篇論文包括兩部分，歸為「生命教育」的前九篇寫在離退之前，納入「大智教化」九篇則為其後作品。全書首篇〈教育倫理學本土化重構〉撰成於2010年暑假，於我同樣具有生涯發展里程碑的意義。當時剛從大陸歸來準備開新課，查閱所上課程架構，發現除了教育哲學、生命教育、情意與道德教育三門之外，能教的只有教育倫理學，乃決定撰寫講義以披掛上陣。教育倫理學是一階應用哲學和二階教育哲學之下的三階學科，過去只見臺師大博士班開授過，算是深化課程。但是它在我心目中屬於專業倫理探究，跟以前涉足的醫學倫理、護理倫理、殯葬倫理等，同樣可構成應用倫理的專業考察，從而探討教育實踐倫理與教師修養倫理兩方面的課題。我既然在推廣教師生命教育，遂思及建構本土教育倫理的可能，讓在地教師貞定中華文化根柢。

　　我嘗試對教育倫理學進行本土化重構，有著一定學理背景：「『現代教育學之父』……赫爾巴特在其《普通教育學》一書內，從倫理學作為實踐哲學的立場出發，揭櫫了教育的最高目的為道德實踐，而這也是人類存在的最高目的。……兩百多年過去了，時下

智育當道、科技掛帥，方向不免偏頗，實有必要重振以德育爲中心的教育目的。而當此種德育目的放在中華文化的背景中考量，本土化非但不可或缺，更有其必要性。西方德育源自基督宗教信仰，此與中土倫理歸於儒道人生信念，畢竟屬於兩種不同的道德實踐路數。」受到赫爾巴特影響，著名哲學家與教育家杜威在出道早期，正是以提倡教育倫理學起步，撰有相關著述，再逐漸擴充爲教育哲學。由於他曾來華講學兩年，深爲當時國民政府所重，從此民國教育政策遂將教育哲學列爲師範生必修，至今仍是教師檢定考科之一。

　　無論是早年的師範生或如今的師培生，所受的專業教育都屬於「教師教育」。教師教育可分爲入行培育與在職訓練兩階段，對岸稱作培養及培訓，言簡意賅。教師教育來自西方，大陸照字面直譯較到位，我們說師資培育只涵蓋一半。對此我先後撰成〈教育哲學與教師教育〉及〈生命教育與教師教育〉兩篇論文，分別於北京和杭州的研討會上發表。在前者中我分判「教師教育的哲學」與「哲學的教師教育」，後者則提出「教師的生命教育」及「生命的教師教育」等複合概念，目的就是通過多元概念分析，讓人們知道有著不同選擇的可能。最佳例證可見之我對於「命運」一辭的分析。一般人相信命運，若時運不濟往往認命卻無法知命。倘若將「命」與「運」拆成兩件事，前者指先天條件，後者表後天努力，則命好不怕運來磨，命不好靠運來補。勿將命與運混爲一談，存在抉擇機會自然增加。

《大智教化——生命教育新詮》
(三)

　　回顧《大智教化》部分文章，可視爲我跟殯葬教育的告別之作。畢竟早已完成各種改革的階段性任務，多言既無益也無話可說；未料後來在空大開授網課「殯葬倫理」，又說了不少關於大智教化的言論。該課教材採用以前出版的《殯葬倫理學》，問世十二年後才派上用場，覺得意猶未盡，便在網課腳本中另行發揮。由於本課程主要是作爲禮儀師養成教育的一環，爲了與時俱進，就在腳本講義中增添許多有關大智教化的全新素材，並且列入考試範圍。原以爲同學會用心上網學習，沒想到大家仍相當依賴課本，期中考多半未盡理想。爲亡羊補牢從善如流，只好將期末考範圍限縮於課本內，並宣布可以帶書進場應考。學生反應空前，總算皆大歡喜，不必再補考或重修。這回開課我還同時擔任面授教師，過去可以跟學生面對面討論，結果碰上疫情改爲線上直播，對我而言也算嶄新嘗試了。

　　《大智教化》前半部九篇論文有五篇跟殯葬相關，其中三篇出自我爲《臺灣殯葬史》撰寫首章導論的改寫。《臺灣殯葬史》的編纂緣起相當偶然，主要是受到對岸打算出版《中國殯葬史》的衝擊和激勵，覺得必須急起直追，通過在地發聲從而貞定自家主體

性。話說2011年有批臺灣殯葬學者受邀赴大陸交流，對象包括民政部下屬的民政學院殯儀系，以及一間相關研究所。當時得知對方有意動用國家力量編纂《中國殯葬史》，返臺後便接到邀請撰寫關於臺灣的內容。但由於提供篇幅不多，又跟港澳的區域史擺在一道，總覺得難以充分發揮，未能反映在地文化全貌。正大家在討論如何共襄盛舉之際，國內大型業者萬安集團表示樂於另外促成《臺灣殯葬史》專書寫作，而不必寄人籬下難以出頭。由於臺灣唯一殯葬期刊《中華禮儀》同樣為該集團資助，借用其資源應能事半功倍、水到渠成。

費時兩年多，由十三位殯葬相關學者集體創作，厚達七百二十八頁的《臺灣殯葬史》，以中華殯葬禮儀協會之名出版，於2014年暑假正式問世。為慎重其事，還在一家大飯店包場舉辦新書發表會，並邀請對岸《中國殯葬史》主事者來臺共同見證歷史，而對方也表現善意樂見其成。說「見證歷史」並不為過，因為一群關注在地殯葬文化的學者，通過集體創作講述了臺灣殯葬三百年史，肯定是空前創舉，過程本身也可載入史冊。新書大功告成後我選擇功成身退，於發表會次日啟程赴陸，停留三個半月，足跡達於北京、上海、河南、甘肅、海南諸省市，藉著開會座談種種機會，盡可能到處宣揚開創未久的大智教化論述與理想。此後大智教化便以「抓大放小、去繁從簡」之姿，將過去所涉足及建構的生死學、殯葬學、教育學、生命教育等一一納入自度度人安身立命與了生脫死之道。

《學死生——自我大智教化》(一)

　　自願離退兩年後靜極思動，適巧受邀回母系兼課，讓愛智慧命得以為繼。某日擔任系主任的博士班同班同學尤煌傑，詢以是否有其他新課足以開授，我當即提出「生死哲學」構想，以專門課程型態區隔長期講授的通識課「生死學」。由於是全新課程，必須提出詳細計畫送審；但它卻是早年生死所設計的基本課程之一，跟生死文學、生死心理學、生死社會學、生死宗教學相提並論。好在我曾教過此課，寫起計畫尚稱到位，總算又能讓同學聽到不同聲音。不過以前講生死哲學乃是述而不作，甚至拾人牙慧，將莊子與海德格等人思想翻出來照本宣科，大多沒有本身創見。如今既然有機會重新闡釋，乃思索再寫一書以建構自家論述，進而銜接上大智教化理想。但在構思應以何種文體呈現時，我毅然做了一個大膽決定，打算用性靈小品而非論述文章書寫，以講述個人生死體驗下的生活故事。

　　我在《學死生——自我大智教化》序言中表示，本書是自傳《觀人生》和論集《大智教化》的「接著講」（馮友蘭語）。馮友蘭用「接著講」相對於「照著講」，以示前者具有承先啟後、推陳出新的寓意。既然要接著講又需有所創意，首先就在書名上作文章；《學死生》是《生死學》倒著說，但並非故弄玄虛，而是有其

深意。在此我想到了孫子的「置之死地而後生」，以及傅偉勳強調
「未知死焉知生」，乃將生死哲學依哲學三大面向次第舖陳。本
書分上下兩篇，上篇題為〈死生〉，包括三章：「壹、向死而生：
大智本體論；貳、由死觀生：大智認識論；參、輕死重生：大智價
值論」，另於下篇討論〈生活〉三章則為：「壹、生存競爭：人生
第一齡；貳、生涯發展：人生第二齡；參、生趣閒賞：人生第三
齡」，加上楔子及尾聲，又是一部在設定框架中揮灑自如的性靈
哲理小品著作。

　　這種以百帖千字文呈現的書寫方式，乃承繼自《觀生活》，再
及於《觀人生》和本書《學死生》，更延續至回憶錄《六經註》與
晚近的《新生死學》；至於眼前《宇宙與人生》則寫至九十帖打
住，同時納入兩篇關鍵性議論文章。各書收錄持續撰寫的萬字論
文，納入相關新書就不必另外結集出版了。《學死生》收錄四篇論
文分別為：「壹、從通識教育到大智教化：以生死學為平臺；貳、
生死學之思：科學、人文與自然；參、大智教化的意理：天然論哲
理學；肆、大智教化的本土化與在地化」，其中末篇從未發表但極
具代表性，代表著個人思想另一座里程碑的起點。該論文撰寫於
2016年初，適逢總統大選統獨爭議最激烈的時刻；眼見藍綠雙方
殺紅了眼，我終於按捺不住而下筆為文加以批判，同時首度明確
表白自己的政治立場。此等表態無論是對生命教育或大智教化，
都是負責任的作法。

《學死生——自我大智教化》(二)

　　《學死生》以四十八帖文字分論生死哲學的三大議題，於大智本體論中我寫道：「通過哲學的『愛智慧見』觀照，人乃『向死而生』，此即你我人生之本質。一般多認爲生是過程，死爲終點；向死而生則以生爲起點，死屬過程。這是德國存在主義哲學家海德格的創見，人生遂由自覺中體現出『朝向死亡的存在』之眞諦。個體人生作爲獨一無二、無與倫比的『存在』，……被法國哲學家沙特標幟爲『存在主義』。……從某種意義的連貫性來看，客觀的唯實主義其實鞏固了主觀的存在主義『向死而生』之核心價值。那便是由科學觀點肯認『人死如燈滅』，從而以現世主義之姿，向所有宗教信仰婉謝其對死後生命的許諾。」在此所引的「存在主義、唯實主義、現世主義」，正是我所建構的大智本體論核心論述；其中唯實乃相對於唯心，現世主義則指向儒道融通下的後科學人文自然主義。

　　至於大智認識論有如下見解：「『未知死，焉知生』正是一種『由死觀生』的提問，可視爲大智教化的認識論面向。……認識論在西方要進行『身與心』的探究，在東方則走向『性與靈』的彰顯，於其間則有『群與己』的安頓。……由死觀生不只是紙上談兵的學理考察，更多是生死攸關的存在抉擇。西方人於此指向靈性信

仰的終極關注，東方人則嘗試追尋性靈生活的美感體驗，本書以後者爲人生最高境界。終極關注與美感體驗均爲個體自我的把握，然而人卻無逃於天地之間，不時會受到來自社會的力量所影響，於是群與己的分寸拿捏不可不識……。」本章遂分三節表達我對「身與心、群與己、性與靈」三組關係的看法，它們都是用情意書寫傳達知性內涵。這種柔性文筆於社會科學質性研究方法稱作「生命敘事」，也就是講述個人生活故事。我手寫我心，由死觀生，期待引起讀者共鳴。

　　大智教藉大智教化講述大智教義，目的是自度度人安身立命了生脫死，生死哲學的最核心部分乃是大智價值論，對此我分「士與儒、禪與佛、道與隱」三者來表述。在我看來：「以『輕死重生』作爲大智教化的價值論面向，表示大智慧的關注是落在生而非死的一方。死亡顯示出生命的限度，也透露著其中的意義和價值。……大智教化教人從『向死而生』的生命眞諦中，發現『由死觀生』的思索途徑，最終落實於『輕死重生』的生活實踐……。『輕死重生』教人以活在現世，勿對生前死後癡心妄想，其最具體的表現便在養生送死方面。……孝道的文化設計非但無可厚非，且更應從善如流；但爲避免食古不化出現窒礙難行，……我乃嘗試將之擴充爲儒釋道『三家會通』的局面，以利推廣大智教化。」我對此的一貫態度正是「保存孝心，淡化孝行；維繫禮義，簡化禮儀」。

《學死生——自我大智教化》(三)

　　《學死生》不只講述了我所發明的生死哲學，更呈現出原創的生活哲學；「人生三齡」之說雖借題於社會學，但對其賦予哲理奧義則是我的觀解。我把第一齡分為「生育、養育、小學、中學、大學」等階段，加以析論詮釋：「《學死生》以上篇談死，屬人生的應用哲理；下篇論生，歸人生哲理的應用。……整個人生的起點就在於生與不生。父母決定生兒育女才有後續的故事……。依我的常識區分，個體『生存競爭』階段大抵是從出生到就業。其中十二年國民基本教育由國家提供受教資源，從而降低部分競爭風險；至於有些幸運兒靠著雙親供養念完大學，不啻另外的風險分擔。然而無論如何，身處資本主義商品經濟運作的社會中，每一個體均無逃於成為『人力資源』而遭流動分派的命運，此即走向『生涯發展』階段前的職場競爭。」我正是如此一路走來，中產社會大多數人的遭遇也類似。

　　一般而言，人生的重頭戲乃集中在第二齡的生涯發展過程，我便列出「成家、立業、不惑、知命、耳順」五階段分述之。這些基本參考了孔子的人生分期，只不過我總是落伍者，每一階段都要掉隊五載。像正式教職便始於三十有五，比同輩都要晚；但到頭來卻選擇提早退休五年，又先於同齡人。面對生涯發展歷程，

我想宣揚的乃是「中年中產中隱」的中道：「每個人在其人生階段由生存競爭朝向生涯發展移動之際，務必得未雨綢繆地預作安排。我的建議是『取法乎上，得之其中』，如是方能先苦後甜。在後現代的晚近資本主義文化邏輯思維下，生存競爭與生涯發展的基本預設，不就是向上提昇的中產社會嗎？……小老百姓默默地接受中產生活前提，從而辛勤工作，希望換得安定中之進步……。」中產生活寄望政治紛爭越少越好，處處表現抗中而跟對岸不友善，就違反了此一意旨。

就我個人來說，如今早已超過生涯發展階段，理當無所事事地靜觀閒賞享受退休的清福。意外回聘客座，只當是在作客，如此便不失生趣閒賞的情趣。我的生趣觀主要受到宋儒程顥的啓發，他的一首名詩〈秋日偶成〉令人拍案叫絕：「閒來無事不從容，睡覺東窗日已紅；萬物靜觀皆自得，四時佳興與人同。道通天地有形外，思入風雲變態中；富貴不移貧賤樂，男兒到此是豪雄。」更有趣的是，這位老夫子的牌位自古就被供奉在各地孔廟內，列爲「先賢」之末；但寫起詩來竟然具有如此道家雅趣，眞可謂儒道融通代表人物。本章寫作旨趣如下：「一個人入老尚能靜觀自得乃是福氣，表示少被疾病疼痛所侵擾，可以悠遊地活著。不過悠遊總有告終的一日，培養適然與釋然的心境以作因應方爲上策，本章遂順著入老、受病、臨終、善後一路寫去。」最終止於不朽，我乃希望立言以不朽。

《觀人生——自我生命教育》(一)

　　2013年秋季花甲耳順之際，出版了自傳《觀人生——自我生命教育》，在扉頁中自述：「忝列哲學博士、退休教授；甘做城之隱者、今之古人；願爲思者醒客、智者逸人；推廣大智教化、出版小品文集」，這是「大智教化」一辭首度見於出版品，從此我便成爲「大智教」忠實信徒。自序〈學思歷程與存在抉擇〉有云：「孔子反思人生，表示『吾十有五而志於學』；我身爲剛退休的大學教師，回首來時路，發現自己的學思歷程，似乎也始自十五歲。從十五跌跌撞撞行來，迤邐而至花甲之年，多少有些心得；在用刻板的論文書寫之餘，想到取較爲鮮活的小品散文加以發揮也不錯，於是便再度提筆。」話雖如此，這部六十自述可是斷續寫了將近五載方才大功告成。同樣是百帖性靈小品，遂用《觀生死》、《觀生活》同樣編排方式成書，更取名爲《觀人生》，列爲「自我生命教育三書」之末。

　　有關書寫緣起，我在〈後記：人生典範轉移〉中記下：「這本個人生命故事的長篇記錄，主要回顧吾十有五有志於學至今的心路歷程，寫至六十歲告一段落。四年前意外得到整年的學術休假，算得上是生涯一大轉捩點和里程碑，得以先行體驗退休生活的空靈。近年我提倡性靈書寫，希望心有靈犀一點通。……我對中國人大智

慧的認同，較偏向道家隱逸及性靈傳統。隱是躲避，逸是逃走，從體制框限的職場生涯離退，躲進逃向自由自在的性靈生活裏，反璞歸眞，屬於人生典範轉移，我如今正在體驗經歷。」本書作爲自傳出版，早於《大智教化》和《學死生》，放在此處加以自我詮釋，是想跟接下去要引介的回憶錄《六經註》對照著讀。後者屬學思憶往性質，較偏重心路歷程的轉變；相形之下，本書旨趣則在於舖陳生命敘事，用個人日常點點滴滴去反映生路歷程，較有可讀的趣味性。

　　我自視爲「大智教化主」並非妄尊自大想做救世教主，而毋寧是向我所仰慕的「廣大教化主」白居易致敬，具有尚友古人的閒情雅趣。樂天詩平易近人，老嫗能懂，深爲當時社會大衆所喜愛，甚至引領時髦流行，遂被推崇爲教化主。讀其詩文令我對中隱之道心生嚮往，認爲此乃安頓人生的大智大慧；爲傳播中隱福音，我笑稱自己爲「大智教化主」，「大智教化」之說便由此而來。此事說來也絕，即非有大智教始推大智教化，再自封教化主，乃是反其道而行的偶然緣起，其中不無妙諦。後來得知「大智」多指文殊菩薩，屬於佛教大菩薩之首，正代表大智大慧，地位甚至比觀音還高。菩薩覺有情，上求菩提智慧，下願度化衆生，是佛教中極重要的生命導師，大智教化非但不予排斥更引爲典範。我曾一度皈依受戒，雖因緣未足而與教團疏遠並放下捨得，但對高明佛理仍崇敬有加且多所善用。

《觀人生——自我生命教育》(二)

　　社會上考試或謀職大多要求寫自傳，少則百文多達千字，自我標榜一番，但也不宜太浮誇。我是一個能夠自我覺察更會反思內省的人，然而經常自覺太甚，容易陷溺其中見樹不見林，因此反而羨慕別人的海闊天空、自由自在。在六十有八的當下，算一算為人師表總共三十八載，所教多為生命課，希望同學通過「自覺」達於「自抉」與「自決」的開顯，而非墜入「自絕」甚至「自掘」的困境。反身而誠，我也是如此要求自己，所以勤寫日誌，但大多不足為外人道也。有回發現研究生寫論文採用的是生命敘事方法，內容多在講述個人生活故事，覺得十分新鮮。此外又先後讀到前老闆龔鵬程校長的四十與六十自述，都足以讓生路與心路歷程充分彰顯，令我心有戚戚焉，乃樂於提筆效法之。我的自傳不是百文千字，而多達百帖千字十萬言，甚至話說從頭自出生講起，讀來多少有些妙趣。

　　《觀人生》共分九個段落，歸類如下：「意識啟蒙：0-15歲；存在意識：15-20歲；認知意識：20-25歲；社會意識：25-30歲；研究意識：30-35歲；學術意識：35-40歲；意識覺醒：40-45歲；生命意識：45-50歲；意識積澱：50-55歲；意識昇華：55-60歲」，近年又撰成續篇，曰：「大智教化：60-65歲；自我貞定：65-70歲」，

後者屬於現在進行式。本書首帖題爲〈大時代的故事〉，源自一種真實感受：「六十年來，我離開臺灣這座島嶼生活在外的時間，總共不過三年，怎麼算都是個道地的臺灣人。但是在成長過程中，卻不免碰上尷尬的國族認同問題；如今回想起，那竟是一個大時代的故事。……縱觀我至今的一生，似乎總有些『夾縫中求生存』的味道。」這是指生路歷程方面，而心路歷程則體現出不斷自我邊緣化，在自了情境中尋求療癒與貞定的效果。

　　我想療癒什麼？是自卑感抑或失落感？本書中有一則故事令我至今難忘。在〈新公園的紅酒〉裏現身的老同學，於服役時選擇臥軌解脫，去他家追悼取回一本被借走的書《自卑與超越》，驚覺此中有異：「作者爲德國精神分析學家阿德勒；他建立了一套有關自卑感的心理學理論，認爲一個人必須通過對於自卑感的反省，方能找到人生出困之路。其書據此乃分爲自卑與超越兩大部分，先分析自卑，再促成自我超越。無奈我的老同學畫地自限，溺於自卑的印證而難以超拔。最後只好走上絕路。翻閱書中的自卑部分，已被他劃得密密麻麻，還作了不少眉批註腳；相形之下，超越那部分卻顯得乾乾淨淨，彷彿完全不曾涉足。吃驚之餘，我越發相信自己借書給他，竟然是害了他，害他自卑地走上黃泉之路。」此事令我深深自責，後來讀到林語堂《生活的藝術》，才逐漸從心理陰霾中走出來。

《觀人生——自我生命教育》(三)

　　人過中年撰寫自傳是想通過自我檢視，以印證各階段「生命情調的抉擇」是否真屬存在抉擇，或僅隨波逐流。前文曾提及存在主義思想對我影響深遠，但事後總覺得它是如此濃得化不開，因此從未就學理面一探究竟。怎麼也沒想到在人生哲理方面帶給我最大啟發的，還是林語堂在《生活的藝術》中所展示的「抒情哲學」。抒情乃相對於說理，是情意而非認知性的哲理表述，令我感同身受，而這一些偶然機緣都跟牯嶺街有關。在《觀人生》的末尾我附錄了十一帖文字，它們乃是先前的試筆；最後一帖題為〈牯嶺街少年〉，有如下的觀解：「我的人生觀之樹立，與牯嶺街有深厚的淵源。……我自高中到大學時代，時常到那兒去尋幽訪勝；不經意購得的舊書，填飽了我渴望求知的心智。說是認知的心智，但更深沉的則是抒情的性靈。」日後的性靈書寫實由此而起，至今已有半個世紀。

　　我們這一代生長於臺北市的四年級生，大多都可能去牯嶺街淘過寶；那兒除了賣舊書外，還有俗稱「小本」的色情書。2005年初我去江西南昌開會，會後上廬山賞雪，住在名為牯嶺的小鎮，始知廬山和牯嶺均屬九江市轄區，而九江正是我身分證上登載的歷久彌新「籍貫」之所在。對此我深有所感：「身為九江人，憶起

年輕時流連於牯嶺街挖掘精神食糧的情景，雖然一切僅係歷史性的偶然，但總讓我覺得冥冥中似乎有些牽連的線索。我這一生以文人身分應世，以講授人文學問為業，可說就是從牯嶺街的書堆中伸出頭、回過身的結果。……這些伴手讀物，伴隨著我的心智成長……。科學讓我追求真、哲學帶我思索善、文藝引我貼近美，多年來我正是依此順序，次第建構自己的思想體系的。」我的思想體系正是「天然哲大智教」，用以自度度人，而出版自傳則多少可以自娛娛人。

從百帖自述中應可讀出我如何從事自我教化，《觀人生》遂跟之前出版的《觀生死》與《觀生活》一同列為「自我生命教育」系列書籍。近年此等努力已更上層樓，2016年《學死生》的副題乃係《自我大智教化》，之後《六經註》則標榜《我的大智教化》；後者屬於學思憶往的記錄，更顯個人特色。為何我如此熱衷於自我呈現？是否太過自戀而難以自拔？其實這一切反身著作都算教學實踐的延伸，以文會友，善結有緣人。重返杏壇擔任客座後，教的仍是生死學與生命教育單學期課程，每期約有二百五十至三百名生徒受教；言教之外若要身教，講述個人生活故事不失可行途徑。就像維根斯坦所指，學生應該把老師當作一座橋或一道梯子，要懂得過河拆橋以及登高望遠的道理。課堂教誨只是方便法門而非不二法門，我把性靈小品貼上網誌，提供同學們自我教化的素材，何樂而不為？

《六經註──我的大智教化》(一)

　　從離退到回聘七年間，我總共有六部著作問世，足以號稱「大智六書」；它們都具有文以載道、借題發揮的特質，雖常用情意筆觸表達，卻不乏說理認知內容，想呈現正是大智教化下的生命學問。前此獲聘擔任客座講授生命課程，就以五年五書送審通過。2018年出版回憶錄《六經註》，有人以為我中了宗教的毒，怎麼寫起經書來了？其實這是天大的誤讀，我在本書引言中有解：「『六經註我』的提法出自宋儒陸九淵，他曾說：『學苟知本，六經皆我註腳。』並進一步表示：『六經註我，我安註六經。』……持平地說，達到六經註我的境界之前，最好要有我註六經的努力為基礎，否則容易掛空而不著邊際。以我個人的學思歷程而論，從『我註』轉化至『註我』，大約在五十有五前後，從此治學為文，大多借題發揮……屆花甲耳順發現自家本事，終於拈出『大智教化』為暮年餘生之志業。」

　　再三借題發揮個人生命故事，也有內在聯繫：「用千字文講述自己的生命故事，這算第三回；之所以再三為之，是想不斷深化。自傳體《觀人生》屬編年史，對學思浮光掠影；說理文《學死生》雖呈現『大智教』，僅點到為止；如今持續議論，多少足以詮釋來龍去脈。文章千古事，得失寸心知；不寫下來不足以檢視，也難以

精進。文章原本寫給自己讀，若藉書冊及網誌分享，則善結有緣人。」我如今約有五百篇文章貼在網上，少說也等於四、五部電子書了。《六經註》出版於正式入老之際，同樣以百帖千字文紹述個人學思歷程，當然免不了會論及自己的著作。但退一步看，相較目前《宇宙與人生》以著作詮釋為主軸，未必就會疊床架屋，而應視之從不同側面回顧舊作，以提供有興趣一探究竟的朋友迅速入門的途徑。但這些文字皆非導讀性質，毋寧仍為借題發揮，希望有所新意。

回憶錄《六經註》除引文與結語外，共分為六篇敘事：「潛：存在抉擇（15-25歲）；起：科學哲學（25-35歲）；承：通識教育（35-45歲）；轉：生命教育（45-55歲）；合：大智教化（55-65歲）；化：愛智慧見（老後）」。「愛智慧見」可有二重解：「愛智慧」與「智慧見」；前者指哲學，後者為大智，老後便以行大智教化為終身職志。若要問具體實踐，我希望宣揚推廣安樂死與自然葬的理念。這正是大智教在了生脫死方面的理想作法，至於安身立命的想望則為無後和中隱，落實與否則見仁見智了。大智教就是人生教，信不信由人，道不同不必為謀，眼前想做的只是我手寫我心。本書主體部分之後尚有兩個附篇，一為續《觀人生》，講述耳順至入老間的生活故事；另一則為六篇論文，其中〈安樂死再思〉曾於中華生死學會所舉辦的研討會上宣讀發表，臺下正反兩面意見都有，令我受益匪淺。

《六經註──我的大智教化》(二)

　　《六經註》記錄下我的心路歷程之轉化，其中以五十五至六十五歲之間的大智教化時期最值得一提；也正是在此一時期間，個人心智臻於成熟，思想體系趨於完整，「天然哲大智教」是也。正本清源地看，從「吾十有五而志於學」至六五入老這半世紀裏，我的心智活動彷彿歷經了一系列辯證歷程，擺盪在詩意與邏輯之間，呈現出「感性→理性→悟性」的「常識→知識→智慧」性靈開顯，最終達於傅偉勳所稱的「心性體認本位」大智化境。簡單地說，年輕時受到「存在主義─道家─禪宗」三位一體思潮衝擊而執意念哲學，待願望實現後卻覺得學院裏的哲學教育玄之又玄、不知所云，乃轉而投向科學，展開長達大半生的心靈之旅，近年始在大智教的光照下自我貞定。大智教行大智教化，集「德、群、美育」於一身，而以人生美感體驗爲依歸。貞定此一進路，實受惠於古代文人的大智大慧。

　　在《六經註》當中我列舉了七組尙友古人的仰慕對象：「莊子、竹林七賢、陶淵明、白居易、蘇東坡、唐伯虎、公安三袁」，他們均可視爲廣義道家的信徒。此外還應加上一位當代文人林語堂，其書《生活的藝術》以及羅中峰《中國傳統文人審美生活方式之研究》，皆對我創立天然哲大智教影響深遠。讀書讀到拍案叫

絕甚至廢寢忘食的境地，就是作者寫出了讀者想說的話，從而深獲己心。最佳例證可見於尼采讀到叔本華代表作《意志與表象的世界》，為之折服不已，但他到頭來還是超越了叔本華而走出自己的路。叔本華是西方哲學家最能深獲我心的一位，我曾經說過：「自己活在世上就像叔本華一樣，不斷為個人存在找理由。……通過十年沉潛醞釀的歷程，終於在入老之際貞定了自家本事，此即本書所楬櫫『六經註我』的『愛智慧見』。……慶幸自己有所得，乃為之記，以示有緣人。」

　　叔本華的代表作於三十歲問世，出版銷路慘不忍睹，但並未動搖他的信念，其後著作大多可視為該書的增補或註腳，終於在花甲之際贏得哲學家的美名。《意志與表象的世界》深奧難懂，我念大四那年居然有中譯本出版，好奇的同學乃人手一冊，卻讀得莫名所以。值得一提的是，該書譯者林建國僅稍年長，且非哲學系科班，念的是東吳國貿系，只因有興趣而翻譯此書，難得的是譯文相當到位。更奇妙的因緣還在後頭，這位譯者後來竟娶了我們班女同學，然後遠派瑞典擔任貿易代表。多年後在同學會上得見其人方知此事，看來他跟哲學竟是冥冥中有其因（姻）緣。叔本華哲學著作甚硬，但他還寫了不少哲理散文及人生箴言；尤其批評女人的文章，更令其廣為人知。我欣賞他的正是其文學一面，對沙特、卡繆、海德格等存在主義作家的態度也是一樣。至於讀不懂的艱澀哲學，我根本不想讀。

《六經註——我的大智教化》(三)

　　我是哲學科班出身的大學教師，碩博士論文都研究同一位哲學家波普，理由很簡單，他的英文淺顯易懂，哲學更標榜常識實在論，對我這種相信淺顯常識卻不耐深奧晦澀知識的俗人而言，可謂恰到好處。我會隨俗但不媚俗，安於世俗無心脫俗。「中年中產中隱」曾經是我的人生目標，大致已經達成；老後不忮不求，靜觀閒賞而已。在《六經註》末帖我表示：「科學哲學幫我安身立命，人生哲理助我了生脫死；我靠前者謀得教職，卻以後者創造意義。……我所私淑的精神導師，當然就是波普……，這種難得一見的『通人』，最合我的『雜家』胃口。波普自稱『常識實在論者』，雖屬常識之見，卻顯得實實在在；不矯揉造作，更不故弄玄虛。我常對學生講，哲學家最大的本事，就是把簡單的道理說得極其複雜，卻連自己也不相信……。」我肯認現世主義正是人生哲理中最基本的常識之見。

　　常識實在論可視為我的生涯註腳，在本書所附〈作為應用哲學的生死哲學〉內寫道：「我自幼好讀書不求甚解，為學博雜而不專精，堅持走上哲學道路多因愛智，卻少為求知。念博士以研究通人波普為對象，對其標榜並肯定常識甚表認同；任教後則以講授通識為志業，終老對撈過界樂此不疲。感謝後現代學術氛圍為我帶來

海闊天空之境，一路從科學哲學走進生命倫理學，再開出自家生死學與生命教育路數，此即花甲耳順之後所拈出的『大智教化』理念與實踐。」我研究波普的博士論文題爲《宇宙與人生》，如今再度用以作爲新書的名稱；至於副題《大智教的貞定》，則反映出博士後三十三載自學方案的豐富成果。天然哲大智教嘗試推陳出新，近兩年出版的著作題爲《新生命教育》與《新生死學》，而我進一步在新書中建構的「新自然哲學」和「美育化宗教」，均屬大智教義一部分。

大智教自度度人安身立命了生脫死，在安身方面人各有志無可厚非，我也從善如流；倒是了生部分擇善固執地移風易俗，堅定提倡安樂死與自然葬。如今社會上自然葬的風氣已逐漸形成，2009年老母海葬時僅一年舉辦一回，參加者五十餘人；如今不但增爲一年四季，更是滿載啓航，足見政府移風易俗已見成效。相形之下，安樂死似乎爭議仍多，且得不著廣泛認同，有待正本清源、推陳出新的大智教化。對此我表示：「今日社會上所言安樂死，大抵是指對醫藥無效而苟延殘喘的病患，所進行『長痛不如短痛』的處置，即所謂『人爲加工死』，希望減少『活受罪』。……目前醫界及法界基本傾向讓病人『自然死』，同時反對並禁止『人爲加工死』；但他們忘了之所以有這種需求，多少是因爲過度的『人爲加工活』。」此刻陶公的「應盡便須盡，無復獨多慮」名言，便值得深思熟慮。

《新生命教育——
華人應用哲學取向》(一)

　　我花了八十二帖篇幅講述自撰三十一部著作的生命故事，以及六本外書帶給我的靈性開顯；接下去六帖來到最近的「新」著，《新生命教育》與《新生死學》，二者問世時間僅相隔七個月，可視為此生代表作。前者原想題為《大智教》，但為授課需要，不想被誤認在傳播一般宗教，加上為呼應之前十五年出版的《生命教育概論》，以彰顯彼此的異中求同、同中存異，乃改為今名，且同樣標幟《華人應用哲學取向》。《新生命教育》雖以專書型態呈現，但全書十二章皆可拆成獨立論文閱讀。事實上也的確有兩篇用於研討會發表，即〈自然主義〉和〈後設生命教育〉，分別貞定我的核心價值，以及檢視官方最新說法。本書共分「新人生、人生義理、人生意理、人生大用」四篇，次第舖陳華人應用哲學新論述；其中義理即指應用哲學，意理則表意識型態，尤其是有關國族認同的根本立場。

　　「生命教育」作為特定概念，主要是針對高中以下學校及學生的官方政策，由中央編寫課綱審定教材納入綜合活動領域授課，目前普通高中必修一學分，舊課綱當時列為選修。舊課綱草案於

2004年出爐，目的是爲取代傳統德育。我見其全盤西化且充滿宗教色彩，乃著書詳予批判，卻從未得著任何回應，失望之餘改弦更張，從生命教師著手推廣成人教育，以2008年發表的論文〈從學生生命教育到教師生命教育〉爲轉捩點和里程碑。我雖曾教過高中層級的高職及五專生，但不喜依課綱照本宣科，大專生及成人則無此限制。世紀初我回銘傳開授研究所及師培專業課程，對象多爲現任和未來教師，他們幾乎從未涉及生命教育，但本身卻需要生命教育，藉以安身立命與了生脫死。於是在不受「生命教育」限制的情況下，我秉持「各自表述，各取所需」原則，持續推動心目中的生命教育。

我所建構的成人生命教育論述正是「大智教化」，本書稱作「新生命教育」，以示作爲官方立場的民間版、成人版、擴充版與升級版。在《新生命教育》中，我不但檢視了新課綱的利弊得失，更以首篇〈新生命教育〉、〈新生命教育學〉、〈我的應用哲學〉三章，全方位地爲新論述奠定哲理基礎，以確立「後科學人文自然主義華人應用哲學」的顯明旗幟和具體方向，然後在次篇以〈後科學主義〉、〈人文主義〉、〈自然主義〉三章完成系統化表述。由於書寫方式不同於千字文哲理小品，而是架構完整表述清晰的萬字論文，曾被識者讚賞爲「大器晚成」的作品，多少令我感到欣慰。全書除首章外，皆成稿於入老前後半年之內，全力撰述反映出時不我予之感。尤其2018年底的九合一選舉，再度激起統獨之爭，更令我產生強烈憂患意識，乃爲文加以撥亂反正，希望振聾啓聵，本書第三篇即著眼於此。

《新生命教育——
華人應用哲學取向》(二)

　　新生命教育就是大智教化，以「後科學、非宗教、安生死」為宏旨，擇善固執地希望振聾啟聵，道若不同則不必為謀。大智教度化安身與了生之道應無疑義，後科學觀點則體現後現代「質疑主流，正視另類；肯定多元，尊重差異」的有容乃大精神。至於非宗教更應該擴充至針對各種極端政治意理，希望無過與不及，執中道而行。當然大智教作為一套反諷式擬似宗教的非宗教論述，本身也不可避免地會有自己的意識型態。事實上，「意識型態」原本只是中性哲學詞彙，即指「觀念之學」，後來被拿破崙用來指責那些反對他稱帝的人，才沾染上政治色彩，成為負面說法。持平地看，用它來指涉各人政治立場並無不妥，只要心胸夠開放，就能夠爭一時也爭千秋。否則便淪為殷海光所說的「意底牢結」而到處黨同伐異，絕非民主時代社會所樂見。殷海光曾受到白色恐怖迫害，可謂肺腑之言。

　　我的博士論文跟眼前新書都取名為《宇宙與人生》，象徵著天人地「三才」不可偏廢。我雖然從有識之日起便對人生哲理感興趣，卻也同時對宇宙奧秘充滿好奇；及長研究科學哲學，卻從未對人生探問或忘，更亟思將之融會貫通，「後科學人文自然主

義」的複合提法便體現此一進路。對此我有所闡述：「西方人眼中的自然就僅止於大自然，與之相對的則爲宗教性的超自然；相形之下，中國人心目中的自然則另有其奧意，此即『順應自然』、『自然而然』的人生態度。若通過此一『本眞』的精義加以檢視，則將儒道融通的人生哲學視爲本土人文自然主義亦無差，這也正是人生教積極宣揚的教化旨趣。」人生教就是大智教，類似牟宗三在〈人文主義與宗教〉一文中所指的「人文教」：「人文教之所以爲教，落下來爲日常生活之軌道，提上去肯定一超越而普遍之道德精神實體。」

　　大智教或人生教跟中國傳統的人文教還有一個共通點，那就是對宗教有著跟西方不同的見解，牟宗三解釋道：「中國傳統中固已有其對於宗教之意謂。中國以前有儒釋道三教，而且在此傳統中，宗與教是兩詞；依宗起教，以教定宗。故常只說三教，不說三個宗教，而此之教實無一是西方傳統中所意謂之『宗教』。吾人即依中國傳統中所說三教，而欲使儒教成爲人文教。」由此可見，人文教、人生教、大智教之爲「教」，不必然是西方所指之「宗教」，而是比制度化學校教育更自由自在的社會與自我「教化」，大智教化即是此意。大智教作爲反諷式擬似宗教，並非神聖宗教而是世俗非宗教。至於人文教的儒家倫理道德取向，在大智教可以轉化爲道家美感體驗取向，進而走向「美育化宗教」教化實踐。蔡元培百年前大聲疾呼，在二十一世紀的今日非但不算落伍，更屬值得參考先進觀點。

《新生命教育——
華人應用哲學取向》(三)

　　《新生命教育》是我所有著作中談論政治最豐富也最直接的
一部，組成第三篇「人生意理」的三章〈自我貞定〉、〈社會實
踐〉、〈國族認同〉皆圍繞著政治而發，而其緣起則來自之前三
年《學死生》之中〈大智教化的本土化與在地化〉一文：「大智
教化主要爲臺灣人所設計，臺灣人就是中華民國國民，其生命故
事既有中華文化的本土元素，亦呈現臺灣民風的在地色彩，缺一
不可。……現代化……可助人實事求是，擺脫怪力亂神；後現代
化……得以促成水平思考，化煩惱爲菩提。水平思考乃相對於垂直
思考，後者爲收斂的因果性思考，前者則爲發散的跳躍性思考。以
國家認同爲例，破釜沈舟獨立建國屬於垂直思考的結論，維繫中華
民國的命脈於不絕則歸水平思考的慧見。」此岸的民國與彼岸的共
和國和平共存並非沒有可能，設計一座在二者上位的虛擬之中華
邦聯共同體即是一種選項。

　　「中華民族共同體」的提法在世紀之交時便已浮上檯面，連
戰及哲學家勞思光皆有此建言，對岸領導人也未予全盤否定。但
眞正提出具體作法的乃是曾任陸委會文教處長的龔鵬程，在2018
年出版的六十自述《龔鵬程述學》中提出宏論：「今後之所謂大

一統、大同，……只能是國族與全球化之中間狀態。即中華共和邦聯……。這種型態，大英國協業已行之有年，足供參考，並非天方夜譚，且利益十分明顯（由於享有共同語言、不成文法傳統及其他規範，邦聯成員國相互間的合作，至少就能提高10～15%的效率），也沒有誰吃掉誰的隱憂及防衛。內部不再做軍備競賽、撒錢外交競爭及各種內戰內耗。社會、經濟、文化之發展自然也會飛速成長。」邦聯可名為「大中華邦聯」，簡稱「中華」而非「中國」，以消弭刻板印象。總之這是統獨之外的第三條路，其「大屋頂理論」值得用心考量。

目前臺灣這座島嶼上所發生的國族認同危機益發嚴重，且不斷撕裂人心，導致親痛仇快十分不智。我在本書後記中提出令人深思的現象：「今春將到金門為教育所專班授課……。金門屬於中華民國福建省金門縣，和長久吵著鬧獨立的臺灣島若即若離，足以讓我跟同學們冷靜思考個人與國家、安身與了生的契機。……我建議以『邦聯制』……作為民國『尊嚴活』……的可能選項。尊嚴的前提是自主，亦即請『他者』適時放手，讓當事人通過自覺走向自抉作成自決。……一家親的尊嚴活則可以展開談判求同存異。」兩岸談判的重點理當放在認同一個「大中華」的前提下，爭取不被對岸矮化，勿將我們視為地方政權或流亡政權，而是渡海偏安政權。歷史上的東晉、南宋、北元、南明皆屬之，南明名義上還統治過臺澎與金門，因為鄭成功奉南明為正朔。以史為鑑，或能尋得解套之道。

《新生死學——生命與關懷》(一)

　　《新生死學》出版於《新生命教育》七個月後，可視爲姊妹攜手的代表作，但書寫方式有所出入；在本書的主體部分，我又回到運用自如的百帖千字文體裁，以彰顯生死議題的情意本眞。本書乃是前書的延續，序言有云：「《新生命教育》……於**2019**年秋天問世，靈感似乎沒有就此打住，文思泉湧之下，本書《新生死學》又成爲前書的『接著講』。『接著講』是當代中國哲學家馮友蘭所提出的創新治學方法，但在此之前必須先謹守傳統『照著講』。這兩點在我看來，不啻體現出宋儒陸九淵所指『我註六經』和『六經註我』的不同學問工夫……。不惑之年接觸到由哲學家傅偉勳所創的生死學，便將之視爲哲學『愛好智慧』之大用；眼前《新生死學》一方面對他的體用思想『接著講』，另一方面也反映出自己多年思索的更上層樓。」此時距我所寫頭一種生死學教科書已近二十載。

　　早期所寫生死學教科書是爲空大電視教學節目之用，因無法直接面對觀眾，只能有板有眼地謹言愼行。如今上通識課以傳道授業解惑，臺下坐著年紀差了半世紀青春無法擋的小姑娘及小伙子，作爲學生眼中眞正的「老」教授，對生老病死加怪力亂神的課題敘事講古，也許更能發揮大智教化的綜效，因此乃有本書的

誕生。全書共分上下兩篇〈知道〉與〈行動〉，每篇兩章，每章四節，每節六帖，以哲理小品娓娓道來，死生大事盡在其中矣。上篇介紹「死學」及「生學」，主題分別包括「死亡體驗、死亡現象、死亡知識、死亡智慧」和「生命科學、生命教育、生命學問、生命情調」；下篇討論「關懷」及「新生」，包含「關懷倫理、關懷實踐、關懷專業、關切人生」和「新生活、新生涯、新生趣、新生死」。《新生死學》的副題《生命與關懷》，正是上述諸課題的核心價值與競爭力。

　　不同於長期沿用講授的「生物─心理─社會─倫理─靈性一體五面向人學模式」與「生死教育、生死輔導、生死關懷、生死管理四大專業」之內容，《新生死學》更多參考「解決問題導向學習」（PBL）的精神，用一個個直指人心明心見性的小問題，去激發學生哲理思考能力。例如我在論及死亡體驗時寫道：「一般而言，人際關係的有無，可視為究竟是死亡體驗亦或死亡現象的判準，畢竟死亡現象大多事不關己。此中心理狀態繫於『關懷』，關懷包含『關心』與『照顧』兩部分。後者直接及於對象，無論相干與否；前者……僅止於在乎，但於在乎對象會出現失落感受，……我視之為死亡體驗。相對便屬似有若無身外之事的死亡現象……。」現代人在處理悲傷失落情緒時有可能過與不及，有必要就事論事加以反思，盡量執中道而行。畢竟世事無常，面對生死就必須學會放下捨得。

《新生死學——生命與關懷》(二)

　　生死學創始於傅偉勳大作問世之日，於今已近三十載，而依照他的理想和理念所設立的南華大學生死學研究所，則茁壯至連博士班都已齊備。但身爲該所創所所長，我卻始終對生死學的性質感到困惑，例如它究竟該較多關注生還是看重死。因此我於2019年暑假寫了一篇論文〈後設生死學〉對之進行後設考察，不久便在上海師大一場生死學研討會上發表；會議論文如今已結集成冊出版，我的文章列在篇首，足見它具有開宗明義的作用。在論文中我寫道：「生死學問世近三十載，名相的含糊始終存在，一如哲學之莫衷一是。……『生』、『死』二字連用，在華人社會往往習慣成自然，以至於傅偉勳很自然地將『死亡學』擴充爲『生死學』。……擴充後的『生死學』乃係『生命學』與『死亡學』的結合。傅偉勳其實在借題發揮，有意將華人的『生命學問』銜接上西方的科學知識……。」

　　傅老良苦用心反映出他的傳統文人性格，這可由他去世前出版的自傳題爲《學問的生命與生命的學問》得見一斑；尤其當他強調以道家和禪宗思想爲主的「心性體認本位」治學方向，華人生死學跟西方死亡學的分野便明顯可見。但是放在現實考量，生死學若走向「虛學」途徑，發展會大受限制，因爲它不見得會比其

他基礎學科探討生死議題更有見地。眼前唯一可行方向是盡量走向「實學」，以解決實際問題；證之以南華生死系發展諮商與殯葬路線大受歡迎，便知所言不假。事實上，作為跨領域的中游學科，生死學唯有將自己定位為跟教育學、輔導學、護理學、殯葬學相輔相成，方能跟這些專業互補互利。至於要在哲學與宗教方面持續探究多所發揮，還是朝向生命學去努力較易有建樹。生命學由日本生命倫理學者森岡正博所創，必須加以本土轉化，方能成為真正「生命的學問」。

　　生命學與生命教育的提法分別來自東洋和西洋，必須通過本土轉化始能有效落實於在地實踐。身為住在海島臺灣偏安民國的子民，我宣揚家事國事天下事事事關心的大智教，以推廣大智教化為暮年餘生的終身職志，就是看見世事無常下實有必要更積極地自我貞定，個人與國家都是一樣。回顧《新生死學》在去年春天校對時，我加上新冠肺炎導致十二萬人確診、五千人死亡的資料；一年多後潤飾《宇宙與人生》，數據分別增至兩億及四百三十萬。尤其世紀疫情讓僅占世界人口二十分之一的美國，死亡人數卻多達全球五分之一。此與民粹總統亂政脫不了關係，但是放眼看去，此前一年只有我國政府力挺川普，只因他疾言反中。另外官方說法仍死咬「武漢肺炎」不放，就當作是負氣之舉罷！此刻憶起李敖於2007年成立「中國智慧黨」，以對付「臺灣笨蛋黨」，不禁為之莞爾。

《新生死學——生命與關懷》(三)

　　平心而論，我的後半生跟生死學與生命教育糾纏了四分之一個世紀，生聚教訓日益精進之餘，早就遠遠超越之；如今竟然仍因襲舊名僅冠上「新」字，純粹是隨俗地借題發揮。當下其實我心目中只有大智教化與大智教，《宇宙與人生——大智教的貞定》即為此而寫。寫出來就是一種發表，出書則為善結有緣人；道不同不必為謀，老後深有此自覺。對於《新生死學》的出版我寫道：「體現出我所提倡的『向死而生、由死觀生、輕死重生』生死關懷，也適巧反映出孫子『置之死地而後生』的大智大慧。」至於持續寫作的因緣，則有如下反思：「雖然我不太欣賞『療癒』的消極說法，而喜用積極的『貞定』一辭，但反身而誠之下，發現數十年創作的心路歷程，多少還是有些自我療癒的成分在內。我所療癒的是失落感，是對『是非成敗轉頭空』的神傷，而勤於寫作不吐不快……。」

　　解讀我的最近著作，除了百帖千字文洋洋灑灑一吐為快外，還是有些原創的成分在內，附篇〈建構老病學〉正是最佳例證。此為全書最晚完成的論文，成稿於2020年初，考其緣起如下：「在建構新生死學告一段落之際靈感突至，想到何不順勢建構『老病學』，讓生老病死的討論無所偏廢。……生與死之間的老或病雖不

必然會發生，但它們終究還是大多數人的生命體驗。反思『老病纏身』正是我當下的人生處境，借題發揮遂多少會現身說法，議論文章乃呈現爲心得寫作，同樣說與有緣人聽。……本論文採用我所提出的『生物—心理—社會—倫理—靈性一體五面向人學模式』加以鋪陳，希望盡可能面面俱顧，藉以推廣『大智教化』。」爲了想早日發揮此一新論述的影響力，我於本書問世不久，就將論文分段貼上網誌，並在課堂上廣爲宣傳，可惜並未激起多少回應，足見吾道仍孤。

在〈建構老病學〉的末尾我寫下：「面對生老病死的態度見仁見智，像我只想活到七十六歲；未料**2018**年電影『十年日本』竟預言十年後要推廣『七五終老計畫』，以自願安樂死來減輕政府負擔，構想值得深思。……以議論文章借題發揮並非憤世嫉俗的危言聳聽，而是振聾啓瞶的苦口婆心。近年生死學在兩岸蔚爲流行，對推動臨終關懷與悲傷輔導頗有助益。但那主要是在處理死期已近的狀況，對於老病纏身無可適從的人卻沒有直接作用，建構老病學的想法遂在我的內心應運而生。」老病死的討論在現實生活中率皆負面，大多數人都聽不進去，除非自己碰到。疫情蔓延中我仍不斷在從事正向思考，如何破解兩岸僵局便是焦點。中國智慧黨黨魁李敖曾提出一套積極作法，建議當局主動去跟對岸打交道，先認同「一中」框架，細節再慢慢磨合。此雖知其不可而爲的努力，卻屬大智之見。

結　語：自我貞定

對四十二年來三十三部著作進行自我解讀，無疑是一種「後設敘事」，亦即站在後面、外面或上面說故事，盡可能述說創作時的心路歷程。但事過境遷並不容易忠於原著，一旦思緒紛雜，往往流於過度借題發揮。我其實深有自覺，只是老毛病改不掉，加上相信當下本真乍現，也就順其自然了。寫作本書有幾分意外，原本在疫情中過暑假無處可去，一時手癢就草擬出百帖千字文的架構，決定大肆揮灑一番。不料在十天內完成二十一帖便無以為繼，挨了三個月都等不著下文，乾脆就選在生日當天，把殘篇陸續貼上網公諸於世留個紀念。文章貼到年末即將告一段落之際，靈感卻突然湧現，乃提筆再續前緣，一鼓作氣於五週內成稿至九十帖歡喜打住，不再湊滿百數。還是那句話，我手寫我心，寫出來給自己咀嚼，讓別人欣賞；將紙本出版品的慧命融入在地文化隨緣流轉，以善結有緣人。

我自忖這應該是大智教化集大成之作，也許早已顯得畫蛇添足，但終有收尾的一刻，畢竟多言無益。不過計劃還有一書，收集半世紀的文學創作，從大學時代隨興揮灑的小詩，到近年空前絕後的電影腳本，以及零零碎碎信手拈來的性靈小品；如果可能，打算去圖書館搜尋登載於某晚報副刊的唯一短篇小說，如此四種文體一應俱全矣。必須聲明的是，我雖喜舞文弄墨，卻絕非文藝青年，提筆書寫多為文以載道，純文學創作幾乎淺嘗即止，老來結集成冊只想自娛娛人。該書預定七十從心致仕之際問世，當作結緣書分贈諸親友。至於眼前這部《宇宙與人生》，多少反映出我

作爲思者醒客、智者逸人一路走來的心路歷程。我於學術博雜而不專精，只吸納常識性學識爲己所用，所發展體現的天然哲大智教相信平易近人，不致故弄玄虛。寫書走進六經註我後，就不再預設給專家讀，以免不相應。

　　作爲獨善吾身的自了漢，大智教化正是自我療癒與貞定的方便法門，不揣淺陋寫出來以文會友，說不定還是有人會心有戚戚焉，就像我於尚友古人時那般道喜充滿。文章千古事，得失寸心知，我以傳統文人自居，多少有些傳承因緣。家父鈕先銘與家叔鈕先鍾均著作等身，分別擔任過正中書局和《臺灣新生報》總編輯；我持續寫作雖非刻意思齊，多少仍受到一定的潛移默化影響，似乎冥冥中助我走上文人之途。高中及大學都曾出任校刊主編，除教書外唯一的社會經驗是在雜誌社當記者和編輯，要筆桿和耍嘴皮還眞的成爲文人的宿命。但我願知命而不認命，立言以不朽或許是奢望，自我貞定則爲可以實現的目標，老後覺得雖未至亦不遠矣。本書寫作回溯既往，往事歷歷在目，頓感時不我予，失落之情遂油然而生。在欲說還休的矛盾心情中，流露出一帖帖荒唐言，有緣朋友讀後便一笑置之罷！

【寫】

從宇宙看人生：新自然哲學

從人生看宇宙：美育化宗教

從宇宙看人生

新自然哲學

引　言

　　哲學主要探討「宇宙與人生」兩大問題，彼此理當相輔相成，無所偏廢，而其進路則可分爲「從宇宙看人生」及「從人生看宇宙」二端。古希臘哲學的發展正是從天象到人事，從宇宙論逐漸擴充至人生論。「宇宙」係指「四方上下、往古來今」，亦即人所居於其間的天地時空，佛家所稱的「世界」同樣指時空，儒家則視天人地爲「三才」。西方自然哲學有時被視爲哲學宇宙論，而討論宇宙便指向大自然。本議論文章嘗試建構一套「新自然哲學」論述，將東方尤其是中土自然觀納入視野，把代表宇宙的「大自然」跟安頓人生的「自然而然」相提並論，從而提出以「後科學人文自然主義華人應用哲學」爲核心價值的「大智教」。

壹、西方古代哲學

一、古代早期

　　自然哲學源於自然神話，開展出自然科學，可視爲後者的前身。從神話走向哲學屬於感性的祕思轉變爲理性的邏輯，而從哲學發展爲科學則歸於定性的理性思辨轉爲定量的經驗測試；數學在後者中占了決定性的角色。這主要是西方哲學論題，故從西洋神話談起。在哲學之前，荷馬史詩反映出希臘人的世界觀，接著

赫西俄德寫下描繪宇宙創生過程，即從混沌中形成秩序，再通過大地女神蓋婭藉著性愛交媾，爲宇宙天地增添多元形態。神話是古人認識世界的方式，採用素樸的生殖意象表述無可厚非。類似情景亦可見於基督宗教所指亞當與夏娃的結合。但以生育觀解釋大自然形成終究不盡完善，古代哲學早期的理性思辨遂應運而生。

　　神話預示宇宙有秩序，提供哲學家理性思維的進路。米勒圖學派是蘇格拉底之前自然哲學第一代，該派哲學家共有三位：泰利斯、亞納西曼德、亞納西米尼，三人有祖師徒關係。泰利斯主張萬物的起源是「水」，水帶來了生命；這屬於反思的原創哲學，後人乃視他爲「西方哲學之父」。後二者分別提出「無限定」及「氣」爲宇宙根源；無限定甚抽象，但用氣聚氣散去表示其不受限便較具體。第二代的赫拉克利圖及巴買尼底斯，則表示變與不變的「火」或「存有」之不同見解。第三代的恩培多克勒肯定「水、火、土、氣」四元素，阿那薩格拉更強調元素無限多。第四代的德謨克利圖另主張不可分割的「原子」才是萬物根源。

二、古代高峰期

　　一般哲學史多將前蘇格拉底時期分爲宇宙論與人事論兩階段，意指哲學關注對象由外在宇宙逐漸擴充至內在人生。關注人事的思考剛開始經常流於詭辯，一直要到蘇格拉底提出「瞭解你自己」後方才撥雲見日。此言表示人之爲人重在靈魂趨向善，其實早在前蘇時期就有人提倡，那便是畢達格拉斯。生於現今義大利的畢氏爲數學家兼教主，據說他曾問學於泰利斯和亞納西曼德，

並前往埃及接觸神祕宗教，使得他認為哲學的目的在於「愛好智慧」以改善人生。畢氏之所以為今人所熟知，乃在於他創立了一套集音樂、天文、算術、幾何在內的數學系統。就自然哲學而言，以「數」作為萬物本源的想法，直接影響到柏拉圖的思想。

當代哲學家懷海德曾表示，整部西方哲學史多少屬於柏拉圖著作的註腳，由此可見柏氏思想的原創與重要。柏拉圖為蘇格拉底的學生，著作多以對話錄形式呈現，其所關注的哲學問題遍及宇宙與人生。他最原創的自然哲學思想在於本體論方面的「觀念論」，依此調和前蘇時期自然哲學第二代對於世界變或不變的相對觀點。觀念世界不變，變動的是物質世界，但後者終歸虛幻。這點頗似佛家所言「萬法唯心造」，因此觀念論也稱為「唯心論」。至於柏氏的宇宙論，則請出工匠神德米古來型塑物質，使之臻於美善。工匠設計出地球與天體的共構模型，同時建立了以地球為中心的天文學，從而影響及其學生亞里斯多德的宇宙觀。

三、亞里斯多德

後世多認為亞里斯多德思想傾向「實在論」，而與柏拉圖的觀念論大異其趣。但往深一層看，柏拉圖視觀念為實在，因此又被歸為「基進實在論」。亞氏不認同老師的「過激」論點，遂拈出「吾愛吾師，吾更愛真理」之說。總而言之，老師的思想需要用慧根去參悟，學生的思想則立足於常識，但這並不表示其膚淺；尤其是他提出諸事萬物皆由「形式」與「質料」結合而成的「形質論」，便頗具巧思與深度。再往深處看，為形式添加質料的過程，乃是從「潛能」到「現實」。任何事物皆循此一過程而生，宇宙也

不例外，而其所主張的則是同心球宇宙。此一理念所反映在人類所居住的「地球中心說」，影響世人觀點接近兩千年之久。

亞里斯多德接受同時代天文學家歐多克斯的宇宙觀，認為宇宙係由多層同心球所構成，中心是地球，之外圍繞著多層天球。由於月球離地球最近，因此將宇宙分為月下區及月上區兩界。地球在月下區，萬物皆由「水、火、土、氣」四元素的生滅消長構成，月上區的天體則維持不變的循環，由第五元素「以太」組成。四元素說來自百年前的恩培多克勒，亞氏不同於柏拉圖用幾何圖形數學解釋元素的組合，而用「冷、熱、乾、濕、輕、重」等性質變化加以說明。他所主張的定性自然哲學影響深遠，同樣長達兩千年，才逐漸被定量觀點所取代。從定性轉變成定量，可視為宇宙觀「典範轉移」，屬於對大自然的信念系統之「改宗」。

四、古代後期

古代哲學在蘇、柏、亞師徒「三傑」傳承達到高峰時期，其後則進入「希臘化」時期，這指對於希臘文化的接續。此期重要的自然哲學家仍集中在雅典，斯多亞學派的「芝諾學校」和伊壁鳩魯的「花園學校」都在柏拉圖「學院」附近。當時還有另一批懷疑主義者，首先提出「存而不論」的思維方法，至二十世紀被現象學家胡塞爾發揚光大。伊壁鳩魯自然哲學承繼且深化了德謨克利圖原子論，認為宇宙是「機械」的；而斯多亞學派則創生「有機」的宇宙模型，其特徵為連續性和主動性。由於機械跟有機自然哲學宇宙觀莫衷一是，且更早的希臘思想風貌亦呈現多樣，使得懷疑主義者有理由退一步想，嘗試將各種爭議存而不論。

　　亞歷山大大帝的帝國隨著他的早逝而式微，繼起的羅馬帝國
將羅馬城打造成跟雅典城與亞歷山大城平起平坐的政治及文化中
心。羅馬時期最重要的自然哲學家就是托勒密，在自然哲學宇宙
觀方面，「亞里斯多德─托勒密系統」的「地球中心說」成為主流
思想長達一千四百年，直到「哥白尼革命」為止。亞氏雖然建立了
地球中心同心圓宇宙觀，但並不能證明天體運行所涉及的計算和
預測，這需要通過數學來達成。希臘幾何學家歐幾里德將畢達格
拉斯的數學證明作出進階發展，讓後來的阿基米德加以應用，這
些都為托勒密的數學天文學貢獻作出準備。其貢獻主要是整合柏
拉圖的「定量」與亞里斯多德的「定性」兩大思維途徑。

貳、中世紀思想

一、基督宗教與伊斯蘭教

　　中世紀的特色是基督宗教信仰的影響深入各方面，且居於主
導地位。千載中世大致可分三期：教父護教的五百年、伊斯蘭教
過渡的兩百年，以及士林哲學時期三百年。教父時期傳承了柏拉
圖的理性精神，將之用於護教。其代表人物有奧斯丁、波奇武、
卡西奧多魯斯，以及更早的老普林尼。奧斯丁是當時護教的核心
人物，將希臘哲學與希伯來神學融會貫通，為往後千年的「自然
神學」奠定了基礎。至於波奇武和卡西奧多魯斯的貢獻則在知識
分類，把「算術、幾何、天文、音樂」列為「四科」；「文法、修

辭、辯證」視爲「三目」，並將老普林尼所蒐羅百科全書式的材料，作爲世俗知識主要內容，用以在《聖經》指引下認識世界。

　　伊斯蘭教於七世紀誕生於今日阿拉伯半島，在拓展政治版圖之外，穆斯林也樂於吸收希臘及羅馬文化的精華，尤其是哲學思想，方式是通過翻譯引介。阿拉伯勢力崛起後，希臘作品便通過敘利亞文譯成阿拉伯文，幾乎所有希臘自然哲學、數學及醫學的著作都有阿拉伯文版本，爲後世再轉譯爲拉丁文傳至歐洲，奠定了基礎。翻譯包括理解與詮釋，中世紀由教父哲學過渡至士林哲學的中介爲阿拉伯思想。歐洲基督徒將亞里斯多德作品及其阿拉伯詮釋一起翻譯爲拉丁文，西方自然哲學遂得以爲繼。伊斯蘭思想在自然哲學方面取得重大成就的乃是數學和醫學，數學在此包括算術、幾何、光學、天文學及占星學，當然還有「阿拉伯數字」。

二、神學與哲學

　　中世千載重拾古希臘哲學精華，由士林哲學發揚光大，其中以多瑪斯阿奎納貢獻最大。多瑪斯把亞里斯多德學說加以修正，並銜接上基督宗教神學與哲學。亞氏的自然哲學包括物理學、天文學、運動學等問題，以及對於物質形成和宇宙結構的探究，都不可避免地涉及宗教教義，遂有必要重新打造一套神學的自然哲學。多瑪斯採用其著名「五路論證」之部分來解決神學與哲學的衝突，方式則爲類比法。士林哲學認爲在信仰指導下研究自然，有助於消除各種謬誤。由於天主所創造的作品彰顯出祂的智慧和力量，因此通過自然哲學研究受造物，將會強化人類對天主的愛。一旦深入認識受造物，天主在人們的心目中將更臻於美善。

　　不過哲學畢竟不同於神學具有權威性，跟多瑪斯同一時期的羅哲培根，就提出許多不一樣的見解。羅哲指出拉丁文《聖經》和亞里斯多德著作有不少錯誤，神學家既不懂自然哲學又固執於傳統，他認為研究自然哲學唯一方法只有觀察與實驗。當時多瑪斯將哲學置於神學之下為之服務，但是此一努力或有不如人意之處且可能有誤，後世遂嘗試將二者分離，最著名就是奧坎的威廉所提出「奧坎剃刀」。他反對為「殊相」的個別事物之認識去添增「共相」的普遍概念，代表「唯名論」思想以反對「實在論」。唯名論影響天主教會五百年，直到十九世紀教廷才以諭令規定多瑪斯的士林哲學為官方思想，神學跟哲學的互動再度被肯定。

三、大小傳統

　　西方哲學的古代期與中世紀分別長達一千一百年及近千載，前者的柏拉圖與亞里斯多德兩大思想傳統，日後各自反映於後者的教父及士林哲學。但是通過自然哲學觀點看，在這些大傳統之外其實存在著不少小傳統也值得關注。倘若大傳統探討對象是物理學與數學，小傳統則涉及化學和生物醫學，這些都構成今日自然科學的主要部分。柏拉圖雖然將自然與人類類比成大宇宙和小宇宙，但他並不贊成對宇宙從事觀察與實驗，而是傾向進行數學演繹。真正動手作研究的則是亞里斯多德，他不但探索物理世界，還觀察胚胎發展及動物分類。此外化學的前身煉金術來自原子論，「西方醫學之父」希波克拉底的人道思想更為後世所推崇。

　　作為化學前身的煉金術，為「化學」一辭提供了來自阿拉伯文的字根。它的理論基礎建立在亞里斯多德所繼承更早的四元素

說，阿拉伯人則在水、火、土、氣四元素之外，添加汞、硫等元素，用以提煉黃金卻未見成效，轉而相信必須再加入一種神祕的「哲學家之石」。結果石頭始終未找到，卻帶動了化學實驗所需要的萃取、蒸餾等操作程序，深化了探索大宇宙中物質屬性的知識。另一方面，研究小宇宙的生命現象，也在包含動物學、植物學與礦物學的博物學以及醫學等學科上留下記錄。像古羅馬蓋倫在解剖學上的發現，影響後世長達一千三百年，直到文藝復興時期，才被近代人體解剖學創始人維薩留所挑戰及取代。

四、前科學思想

西方自然哲學無疑屬於現今自然科學的前身，自然科學出現在十七世紀「科學革命」以後，至十九世紀所形成各門「分科之學」已大致齊備；依此觀之，科學史理當包含前科學的自然哲學史，跨度長達兩千三百年。在漫長的知識發展過程中，中世千年由於籠罩在教會威權和神學主導下，常被視為「黑暗時期」，但從全方位深入考察下，發覺這種觀點純屬偏見。當然中世紀自然哲學的確長期受到亞里斯多德思想影響，並未有太多創見；但就哲學理性與宗教信仰多少能夠融會貫通，而非全由教會獨斷的情況看，肯定具有承先啟後、繼往開來的貢獻。哲學重於批判，近代對中世思想撥雲見日的批判，讓世人看見前科學的曙光。

眾所週知且毫無疑義，真理之光的輝映不絕，在中世紀由教會所創辦的「大學」居功至偉，至今尤甚。由於其拉丁文字義同時代表「宇宙」與「共通」，反映的正是有容乃大的學術研究與作育英才的不朽精神。滿腹經綸的「大師」在大學授課的傳統，可上溯至

柏拉圖「學院」與亞里斯多德「學園」的傳道授業。此一傳統至中世紀先保存在修院之內，繼而擴散至世俗社會，由大師及生徒共組「會社」，以講授「四科」與「三目」，一旦階段性學成，便可獲頒學士、碩士及博士學位。如今全球各大學頒授學術研究的最高學位，大多稱作「哲學博士」的傳統即源於中世，當時哲學幾乎無所不包，當然也包含科學前身的自然哲學。

參、近現代哲學

一、文藝復興

中世結束於十五世紀中期東羅馬帝國亡於土耳其人，歐洲文明則在十世紀日耳曼人所建的神聖羅馬帝國開明政策下得以為繼，同時步入近代。哲學史上的近代大約四百年，以大哲黑格爾去世為斷代。近代在十七世紀之前一百五十年被後世視為「文藝復興」時期，具有「重生」之意。這與其說代表創新，不如看作復古，讓古希臘羅馬文明擺脫宗教束縛得以重生復興。此一時期出現不少前科學偉大學者，包括天文觀測者哥白尼、伽利略、開普勒，以及在生理學上奠定血液循環理論的哈維。而真正意義上的近代「科學」，還要等到牛頓之後才逐漸浮現。這又比「哥白尼革命」的發生晚了百年，足見信念系統典範轉移需要一定時間。

牛頓於十七世紀出版用其所發明的數學演算方法表達傳統哲學推理的古典力學論著《自然哲學的數學原理》，代表自然哲學

從此步入自然科學，哲學所反映的自然觀也由「目的論」轉向「機械論」。反觀此前兩百年的文藝復興時期，自然哲學則呈現相當多元的盛景，像帕拉賽蘇斯就針對人體小宇宙提出極有創見的觀點。他修正了蓋倫認為疾病源自體液失衡，而主張來自元素失衡，因此醫學必須與煉金術合作以診治病患。他在傳統煉金術所認可的汞與硫等元素之外再加上鹽，用三者進行化學療法以調整體質。採用煉金術並非為獲利，而是想改善人體；這種仁心仁術到頭來開創出醫藥化學途徑，他也被視為「毒理學之父」。

二、科學革命

西方世界在邁入近代後出現兩椿重大事件，對後世影響深遠，直到今日，那便是十六世紀的「宗教改革」與十七世紀的「科學革命」。改革與革命的不同在於效果上的差異，通常革命較為全面而澈底，呈現的是大幅汰舊換新。不同於政治革命往往是千萬人頭落地，科學革命所帶來的大多為「腦內革命」，屬於思想觀念方面的重大變革。對照來看，西方宗教改革主要分為二輪，首輪於十一世紀由羅馬公教分化出希臘正教，次輪則於十六世紀促成基督新教誕生；但三者至今仍能和平共存，共同構成廣義的普世基督宗教。相較之下，科學革命其實更接近自然哲學革命，最終結果是自然哲學演變成自然科學，前者全盤退居歷史幕後。

「科學革命」一辭係上世紀由科學史學家夸黑所創，意指發生於十七世紀自然哲學中一連串的經驗知識變革，尤其是從哥白尼、伽利略、開普勒到牛頓對天文現象探究所形成的新觀點，簡言之，就是把「亞里斯多德－托勒密系統」的「地球中心」宇宙

論，轉變成「太陽中心」。附帶一提的是，「哥白尼革命」也用於指涉康德哲學內的認識論轉向，將主觀與客觀的批判研究取向易位。後世對科學革命的主要論述集中在兩點，首先是將亞里斯多德嚴格區分物理學與數學的研究路線打破並加以融合，其次則是把亞氏基於「四因說」之內目的因的目的論宇宙觀，轉向漫無目的的機械性宇宙觀，由此可見科學革命所具有的典範轉移意義。

三、現代科學

史上各種宇宙論無不反映一定的宇宙觀，其中以亞里斯多德物理性目的論的宇宙觀影響最深遠，長達兩千年，直到被牛頓學說所取代。牛頓用他所發明的流數（微積分）去處理星體移動與變化的問題。這不但打破亞氏區分物理與數學的作法，更開創近代以力學為起點的基本物理學。數學的機械論表述不同於物理的目的論表述，亞氏探究事物本質的實體性思維，逐漸被牛頓之後描述現象活動的函數性思維所取代。然而十七世紀主張機械觀點的笛卡兒與牛頓機械世界背後，依舊有著全能上主無所不在的力道，一直要到十九世紀現代科學應運而生後，這種目的性的假設才真正讓位給經驗的、實證的、機械的、唯物的科學主義觀點。

近代哲學終止於德國大哲黑格爾去世之年，他利用獨到的辯證法，建構了史上最後一個宏大的自然哲學論述。其表述皆屬形上思辨產物，無法通過當時方興未艾的經驗科學證實，從而讓自然及宇宙問題的探究逐漸退出哲學。自然哲學至此正式轉化為自然科學，而邁入現代的十九世紀，連模擬自然科學的社會科學也趁勢崛起，孔德及費希納分別創立的「社會物理學」及「心理物

理學」便是明證。「科學」在古希臘指的就是理論知識，概括宇宙與人生諸問題。回顧西方哲學史與科學史，在現代科學出現以前，探討自然奧祕仍屬哲學重要關注。後來科學知識不斷分化，哲學家便轉而「後設地」關注科學本身，從而形成科學哲學。

四、現代自然哲學

自然哲學是直接探討自然的一階哲學，科學哲學則屬後設關注自然科學如何發展的二階哲學。自然哲學功成身退，並不意味其討論失去意義與價值；事實上有本出自科學家之手的自然哲學論著，就被《新聞週刊》列入二十世紀百大著作，此即由諾貝爾醫學獎得主莫諾所著《偶然與必然：現代生物學的自然哲學探討》。莫諾是頗具人文素養的法國分子生物學家，受存在主義影響甚深，乃將他的科學發現引申於人類命運的存在抉擇上。他從無神唯物觀點論述科學成果的意義與價值，被視爲「科學人文主義」的代表。面對「偶然」形成的自然宇宙，身爲萬物之靈的人類將如何安頓？一旦作出存在抉擇，人生便成爲「必然」的歷程。

從歷史發展看，現代科學與技術的「戡天」知識，無疑來自古老自然哲學不斷修正的積累。當自然哲學轉型爲自然科學後，哲學只能退一步對科學技術的知與行從事後設批判。對科技與社會的關聯進行瞭解和批判，是現當代哲學責無旁貸的任務。科學哲學如今被視爲應用哲學的一環，但追根究柢它仍源自關注自然的傳統自然哲學。自然哲學既不應在哲學史中淡出，更當華麗轉身融入應用哲學，進而積極產生哲學實踐，對宇宙與人生的探究面面俱顧，無所偏廢。尤其是放在華人文化與社會的脈絡裏考察，

「自然」概念內涵較之西方更多元也更豐富，適足以建構一套讓廣大華人反思並改善宇宙觀與人生觀的「新自然哲學」。

肆、宇宙論

一、自然與哲學

「自然」概念在中文語境脈絡內，主要構成老子重要思想，其核心義實為形容詞的「自然而然」；至於與西文對譯而作為名詞使用以指涉「大自然」則是十九世紀的事情，由此「自然」一辭便承載了西方「大自然」與東方「自然而然」雙重旨趣。將「自然」概念引入哲學，可分為「自然之哲學」與「自然的哲學」兩方面來看。在中華文化傳統下，將「自然之哲學」引申至「自然的哲學」，非但不會所見日小，反而是視野上的擴充。我們可以將探討大自然的「自然之哲學」西方宇宙觀，藉華人學術銜接上實踐自然而然「自然的哲學」道家人生觀。如此一來，西方與東方、宇宙與人生無所偏廢，方為恰到好處的「愛智之學」。

回顧西方哲學史，會發現宇宙與人生的問題始終難以徹底分割；前蘇格拉底時期從天道探索走向人事安頓明顯可見，中世紀研究自然的目的是為鞏固信仰，最終仍在安頓人生。近代科學所繼承的自然哲學，始終保有一定的人文關懷情操，直到宇宙觀由目的論轉向機械論、將數學演算和經驗實證引入後，作為「分科之學」的科學諸學科，才出現劃地自限下的門戶之見，隔行如隔

山，形成科學與人文「兩種文化」的割裂。在商品經濟領軍時代
裏，拜物消費成爲無底洞，清心寡欲被視爲難能可貴的美德，而
這正是追尋反璞歸眞境界的道家思想心之所嚮。回返生命本眞的
途徑，體現出順應自然勿事造作，此乃「自然的哲學」之眞諦。

二、神話宇宙論

　　將「自然的哲學」納入「自然之哲學」視界，可視爲廣義的
「自然哲學」論述，不過一般人仍習慣於以西方傳統的後者狹義
觀點看待之。倘若如此，則當自然哲學開出自然科學後，它本身
也就步入歷史了。這也是爲什麼時至今日西方幾乎無人正視與重
視自然哲學的原因，彷彿它眞的已成歷史陳跡。事實也的確是這
般，回顧過去半個世紀，幾乎沒有任何一個哲學家刊行自然哲學
作品，更早的同名論著，則出於化學家奧斯華德和物理學與哲學
家石里克之手，皆歸「科學的哲學」。令人意外的是，於上世紀後
半葉特立獨行的後現代科學哲學家費若本，居然有部自然哲學遺
著在本世紀被整理出版，充滿著對神話宇宙論的考察與肯定。
　　自然科學所繼承的自然哲學其實有著更深遠的根源，那就是
自然神話。古早神話以及後來的各種宗教宇宙論，長久伴隨自
然哲學宇宙論發展，後來才逐漸在歷史中消失。費若本是有名
的「認識論無政府主義」倡議者，強調哲學思考必須盡量「海闊
天空」，從而主張現今科學論述只是歷史偶然的產物，而非必然
如此。各種神話及宗教宇宙觀，都足以成爲科學發展的「備選方
案」，這也是爲什麼他相當推崇傳統中醫的原因，用以反對西醫
獨大現象。當西醫擁抱笛卡兒式的機械觀點，中醫則自古將人體

視爲一個個小宇宙，保健養生正是順應大宇宙自然之道的結果。前章曾提及，將大小宇宙相提並論，同樣出現於宗教盛行的西方中世紀。

三、哲學宇宙論

　　哲學基本分爲本體論、認識論、價值論三大面向，所形成的分支學科則包括形上學、知識學、倫理學及美學。至於宇宙論又稱宇宙學，依亞里斯多德的分類，可歸於形而下的物理學，以別於形而上的後設物理學。西方哲學宇宙論的發展長期受到亞氏影響，他將宇宙分爲月下世界的地球和月上世界的星體，月下事物的變化受四元素說與形質論支配，月上則訴諸第五元素及同心圓理論。至於亞氏不主張將數學用於解決物理問題，立場與其師柏拉圖不同。雖然後來出現「亞里斯多德—托勒密系統地球中心說」，可以進行數學演算，但總體而言，西方哲學宇宙論在古代和中世紀仍以定性爲主調，量化的機械宇宙論已屬於近代觀點了。

　　西方宇宙論花了很長時間從定性走向定量、由目的轉爲機械，但終究還是屬於天道探索，與人事無關。相形之下，東方尤其是中國的宇宙論始終保持「天人合一」的關注，便與西方大異其趣。勞思光寫《中國哲學史》將《詩經》中的「形上天」和《易經》裏的「宇宙秩序」，列爲古代中國思想重要觀念，其特色即是「人格天」與「宇宙歷程及人生歷程相應」。「天人相應」思想在漢代董仲舒達於顛峰，他提倡罷百家獨尊儒術影響深遠。後來漢儒的神祕主義稍減，至宋儒又出現「理與事之分合問題」，即形上學跟宇宙論糾纏不清的問題。而勞思光也將董仲舒和柏拉圖，以及將朱

熹和亞里斯多德分別作出對比，值得進一步考察。

四、科學宇宙論

當宇宙論從哲學步入科學領域，所呈現的面貌就完全不能相提並論了。科學宇宙論走計量和觀測途徑，實事求是無徵不信。而隨著理論物理學及天文望遠鏡不斷深化發展，過去百年間已足以提供人們一幅目不暇給的宇宙圖象。近年英國宇宙學家巴羅著有科普讀物《宇宙之書》，從托勒密講到牛頓及愛因斯坦，同時引介後現代宇宙、非主流宇宙以及失控的宇宙等各式各樣新穎觀點。值得一提的是，書中以一小節講述哲學家康德所提出的「星雲假說」；他描繪太陽系是由自轉氣體與塵埃共同組成，類似雲霧狀故稱「星雲」。此說至今仍在活躍運用，可視為哲學家通過想像與觀察，在科學宇宙論及天文學方面的重大貢獻。

現當代的科學宇宙論根據天文學家的觀察和推算，發表了一些數據，幾乎已形成科普常識。例如宇宙的壽命約為一百三十七億歲，我們所在的銀河系約有一千億個發光發熱的恆星，又整個宇宙中大約有一千億個銀河般的星系等等。在常識之外，巴羅更宣揚一種稱作「人擇原理」的觀點，它大致是說人類所觀測到的現存宇宙，在形成過程中出現了各種變項與常數，到頭來竟恰到好處地在地球上創造出生命，尤其是具有認知意識的人。換言之，是人類所面對的這個特定宇宙，彰顯出我們的存在。此一頗具「萬法唯心造，存在即被知」哲學意味的論點，受到諾貝爾物理學獎得主溫堡肯定，構成另一種「偶然與必然」論述。

伍、後現代觀點

一、世界觀與知識觀

自然哲學的演變反映出一系列世界觀的革新，這就是從亞里斯多德目的論的定性世界觀，轉向牛頓機械論的定量世界觀。其演變過程長達兩千年，終於形成科學革命，結果是自然科學到頭來革掉了自然哲學的命。如果以牛頓《自然哲學的數學原理》作為科學革命成功的表徵，兩百多年間新的世界觀在自然科學各方面都出現了跨時代的進展。物理學由力學逐步擴充至熱學、光學、電學、磁學及原子與量子物理，從而反映在現今「普通物理學」教材中。化學則在拉瓦錫、道爾頓、門得列夫的努力下立足於世。而將動物學與植物學融匯成生物學，並提出「生命同源」、「自然淘汰」的演化觀點，則歸功於達爾文和華萊士的不朽貢獻。

世界觀的改變反映在知識發展中，到如今已呈現自然科學、社會科學、人文學三分局面，哲學僅限縮成人文學科之一。哲學如何重建新知識觀，答案或許可以從發揚新自然哲學精神改革起。既然前科學的哲學幾乎無所不包，那麼後科學的哲學不妨重拾初心，為知識觀的統整作出貢獻。這是說哲學要通過批判的初衷，去改善世人見樹不見林的一曲之見，再伺機引領人們擴充視野，為知識觀尋回迷失的目的。目的論不必然是決定論的命中註定，也可以是存在論的事在人為。面對科技當道下人性沉淪困境，可

以發現問題出在自然哲學失去人生目的後的力不從心。反身而誠，貞定後現代世界觀與知識觀，必須對自然哲學再視與再思。

二、科學觀與技術觀

後現代的科學觀與技術觀肯定不同於現代甚至前現代的觀點，由於科學革命後，作爲分科之學的科學各學科開始走向專門化與專業化，形成隔行如隔山的門戶之見，最終呈現科學與人文「兩種文化」的割裂。有識之士對此感到憂心，遂於上世紀七零年代開始提倡「通識教育」，以重拾二者對話可能。作爲應用哲學重要環節的新自然哲學，若搭配後現代科學哲學，適足以擔當此一重大任務。必須承認的是，各門科學益形深化，不但隔行如隔山，連同行內的分支都難以相互瞭解進而包容。同行專家尚且如此，外行人又如何一窺科學眞實面貌。幸好還有「科學普及運動」的推行，史學家、哲學家及科學家或可在此一平臺上攜手合作。

自然哲學走進二十一世紀後現代，看似無以爲繼，其實大有可爲。作爲科學哲學所傳承的自然哲學，大可整合科學哲學重返江湖，不但關注「科技與社會學」的問題，更足以強化「科學技術學」的內涵。此二者都是後現代新興學科，主要由人文社會學者就科學與技術在現當代的發展加以檢視及批判。不同於科技專家的內部視角，人文社會學者多經由外部考察；一方面得以照見科技社會的歷史景深，另一方面更能夠促成個人擺脫科技宰制得到身心解放。「自然」概念同時具有「大自然」及「自然而然」雙重意涵，後者有能力挽救前者所造成的人性割裂。藉推廣自然無爲、爲而不有的處世態度，教人以善用而非濫用科學技術產物。

三、天人觀

以「自然的哲學」作為「自然哲學」的擴充與延伸，具有一定的合法性與正當性，因為「自然哲學」一辭雖為外文中譯，但其中「自然」乃是源遠流長歷久彌新的古老中國哲學概念，不能因為翻譯而掩蓋原有旨趣與內涵。不同於「社會」為組合轉借辭彙，「自然」原本便擁有不能取代割裂的豐富意涵，此即「自然而然」。蓋「社會」係由「社」與「會」二字組成，最早見於宋代，指的是在「社稷神廟」前的「人群集會」以討論公眾事務。十九世紀末「社會」被借來翻譯由西方傳入的「社會學」，而它更早的譯名則為「群學」，其實更接近原意。通過翻譯傳播新知是西學東漸下的方便法門，背後卻隱藏著一定的文化移植動機。

從東亞歷史看，西學東漸難免會通過洋槍大炮而傳入，日本覺醒較早，十九世紀中葉明治天皇便開始提倡維新，滿清則掙扎至二十世紀初期才被動改革。以與「自然」有關的翻譯為例，早先皆以「性」、「天」、「格物」、「博物」等辭彙，來表達「自然主義」、「自然淘汰」、「自然科學」、「自然史」等西方概念，到上世紀初才受到日本漢字翻譯影響，為「自然」創造了「大自然」的新義。大自然即指宇宙、世界、天地，而《易經》很早便將天地人視為「三才」。人既無逃於天地之間，就該學會如何頂天立地，此即安身立命之道。「安身立命」為禪宗語，借給儒道二家去提倡「天人合一」，是後現代新自然哲學適足以充分發揮之處。

四、生命觀

「自然」一辭是中國古代哲學相當重要的概念，理當借題發揮，還其本來面目，亦即在宇宙天地中，盡量彰顯人的自然而然之本性。相對於西方哲學訴諸理性而形成嚴謹知識，中國哲學更嚮往追求情意面的「生命學問」。新儒家學者牟宗三就表示西方人有「知識中心」的哲學，而無中土「生命中心」的生命學問；前者以科學程序所得的「外延眞理」爲眞理，而不知生命處的「內容眞理」爲眞理。此一中西哲學相對照的看法出現於上世紀中葉，如今半個多世紀過去了，大可在後現代的氛圍中攜手合作，互利共榮；異中求同，同中存異，建立融西方「自然哲學」與東方「自然的哲學」於一爐的「新自然哲學」，此其時矣。

重點是重新把「人」放在「自然」的中心來考量，諾貝爾醫學獎得主埃德曼便將具有身心狀態的人視爲「第二自然」。他引用康德對「頭頂上的星空與心中的道德律」之關注，希望彌補科學知識和人文思想的鴻溝。這也是一種「科學人文主義」的努力，在後現代可進一步跟「人文自然主義」融會貫通，形成爲「後科學人文自然主義」。既然胡適曾以較不嚴格的觀點，把古典儒家和道家分別視爲中國人文主義與自然主義的代表，則將「後科學人文自然主義」打造成一門嶄新型態的「華人應用哲學」，以推廣「儒道融通」的宇宙與人生之道「大智教」，或許正是「新自然哲學」足以影響並改善華人社會及文化的可行方向。

結　語

　　「大智教」是一門反諷式的擬似宗教之非宗教，汲取古今中外聖賢才智大智大慧，教人以安身立命與了生脫死之道；與其他宗教最大差異，即在於堅持擁抱現世主義，對生前死後之事不作任何臆想。現世指當下時空，是人們存活的唯一寄託；非但不仰望超自然，更懂得順其自然地活著，死而後已。本議論文章概述了人類文明如何從自然哲學走向自然科學，以致形成今日科技當道的社會。面對此一處境，將宇宙與人生課題相互通透觀照，方能真正「直透本原」，此即本篇〈從宇宙看人生：新自然哲學〉與下篇〈從人生看宇宙：美育化宗教〉用心舖陳之處。而宗教所提供的生前死後之許諾，同樣可視為關注人生座落的宇宙觀。

從人生看宇宙

美育化宗教

引　言

　　「從人生看宇宙」和「從宇宙看人生」是「大智教」相輔相成、殊途同歸的雙向進路，目的即為安身立命與了生脫死。個人身家性命無不座落於特定宇宙天地時空中，可以通過自然及社會科學盡量加以瞭解；而人生的安頓則屬於將知識提昇為智慧的身心歷程，更需要多所參悟。本議論文章嘗試探討「美育化宗教」的可能，是受到蔡元培「美育代宗教」說法的啟發，進而對其推陳出新，用以彰顯大智教之妙諦。「化」與「代」二字貌近似義卻不同，「代」表排除，「化」則包容；我不排斥宗教，而希望用美育賦予其新意。宗教不必要為高高在上的信仰對象，也可以是平易近人的美感體驗；尤其它的最佳狀態，乃係一種獨處之樂。

壹、美　感

一、真善美

　　大智教是人生哲理教，採用簡稱「天然哲」的「後科學人文自然主義華人應用哲學」去觀照「宇宙與人生」，而古希臘哲學家即對此表示應兼顧「真、善、美」三方面課題。真善美相提並論，可視為人生在世對於「求真、行善、審美」三種實踐的統合；蘇格拉底更提出「知德合一」之說，以示統合的重要與必要。從當今世俗

眼光看，此三者分別涉及「科學技術、社會倫理、藝術人文」，理當面面俱顧，而這也正是學校實施通識教育和生命教育的理念。不過我站在「從人生看宇宙」的立場對此另有所解，亦即「求真：生存基調的鞏固，行善：生活步調的安頓，審美：生命情調的抉擇」，此乃「中國人學取向的生命教育哲學」。

目前國內普通高中生於綜合活動領域內皆必修一學分「生命教育」課，以學習五大核心素養「哲學思考、人學探索、終極關懷、價值思辨、靈性修養」，其中「人學探索」的學習項目包括「人的特質與人性觀、人的主體性與自我觀」。這看起來相對抽象，但跟同領域另兩門必修課「生涯規劃」及「家政」搭配地學習成長，就顯得平易近人許多。強調中國人學取向是呼應華人應用哲學精神，以貞定華人所處時空環境的文化社會背景。在這種背景下，宗教信仰並非主要安身立命之所繫，儒家式成聖成賢理想才是教育（尤其是德育）的主軸。本文章有意以道家式人生美感教育融匯於傳統德育中，再轉化為擬似宗教的非宗教之大智教。

二、知意情

大智教有容乃大，依宗教五大條件「教主、教義、經典、儀式、皈依」來看，僅教義不可或缺，至於傳教布道的我乃是教化主而非教主。吾乃大智教化主，自度度人安身立命了生脫死之道；能夠盡量達到「無後、中隱；安樂死、自然葬」的目標即屬信眾，相當世俗平易化，毫無神聖秘思性可言。大智教為反諷式擬似宗教之非宗教，相對於道貌岸然不可侵犯的宗教信仰而言，無疑具有後現代解構顛覆效果。但我之所以創立並宣揚推廣大智教，除了

彰顯反諷性質外，更重要的是提供不信教的國人一套另類選項。哲學家胡適、馮友蘭、梁漱溟都認為華人大多不信教，這多少是受到儒家教誨影響，我則希望提倡儒道融通的人生信念。

一生推動美育不遺餘力的教育家蔡元培，於百餘年前多次演講以宣揚「以美育代宗教說」，因為「一、美育是自由的，而宗教是強制的；二、美育是進步的，而宗教是保守的；三、美育是普及的，而宗教是有界的」，這的確是一針見血之論。由於他曾留學德國，遂用德國哲學對於「知、意、情」的分判加以說明；宗教在與時俱進的文明世界中，除了尚保留一些情感作用外，就認知和意志兩方面都已跟不上時代，必須被取代。在我看來，這裏指的是西方傳統內的宗教信仰，同華人社會文化沒有太多直接關聯性，不妨存而不論。我志在推廣儒道融通的人生信念，以現世主義下的美感體驗，去消融度化道佛雜糅的宗教與民俗信仰。

三、愛智慧

民俗信仰的最大特色是隨緣流轉，沒有宗教信仰的體制森嚴；宗教立宗設教必然為團體活動，一旦落入體制就可能出現教團宰制信徒身心的情況，從而失去信仰自由的真諦。當然團體力量大，許多慈善事業都是由宗教團體所促成，但世俗中人同樣足以有此貢獻。我不反對教團勸人為善，但是對於某些宗教人士執迷於神聖光環加身而自我膨脹的現象頗不以為然，因此敬而遠之，同時提倡愛智慧的大智教加以批判。教團跟政團一樣容易腐化和異化，因此信徒最好是一方面認同教義擇善固執，另一方面遠離團體學做自了漢。像大智教就是我的教，以美感體驗為宗、

愛好智慧為教，自持以自度，度人則是提供鑰匙以開啟方便法門。

蔡元培有云：「知識、意志兩作用，既皆脫離宗教以外，於是宗教所最有密切關係者，惟有情感作用，即所謂美感。……美育之附麗於宗教者，常受宗教之累，失其陶養之作用，而轉以激刺感情。……鑒激刺感情之弊，而專尚陶養感情之術，則莫如捨宗教而易以純粹之美育。」這屬於百年前的現代觀點，希望劃清界線；如今已進入後現代，講究的是「肯定多元、尊重差異」，於是用美感教育將各種宗教信仰去蕪存菁、推陳出新，抑或加以大幅改造，亦非不可能的任務。依大智教看，宗教最主要甚至唯一使命，即是教人了生脫死之道。倘若能夠擁抱活在當下的現世主義，同時擺脫對生前死後之幻想，則不啻大智大慧的體現。

四、宇宙與人生

人死不可怕，不死才可怕；人生人死在宇宙時空中生滅消長既屬常識之見，亦歸美感體驗，瀟灑走一回正是。本文章從人生看宇宙，多所貼近情意感受，需要一定慧根去領悟，而不似前篇從宇宙看人生的哲學史加科學史之認知進路。大智教認為人人皆具慧根，深淺不同而已。最淺顯的慧見乃是常識，亦即一般見識；「活在現世」正是最基本的常識。生死流轉於現實環境內，只要妥善安排，就足以營造出頗富美感的一生記憶。此等美感記憶最深沉根源係來自人性本真，類似老子「道法自然」的境界；順其自然地無為無不為、為而不有，最佳試煉便是臨終時期的存在抉擇。一旦以美感代宗教慰藉，人可以活得更踏實，死得更坦然。

這是一種「硬心腸」的哲理判斷，而非「軟心腸」的宗教慰

藉；心腸軟硬的區分是美國心理學家威廉詹姆士對有無宗教信仰的描繪，雖有幾分道理，卻有些不近人情。納入大智教視野看，其實還有第三種選擇，也就是走向美感體驗的情意途徑。人終不免一死，但可以寄望好死善終，而非病入膏肓卻苟延殘喘、死不瞑目。「應盡便須盡，無復獨多慮」，早在一千六百年前陶淵明便寫下如此坦然豁達的詩句，正是人生美感體驗最高境界。仔細想來，宇宙至大無外，人生卻渺小得如夢幻泡影稍縱即逝，這是多麼自然空靈而又奇妙的際遇，活著理當感恩、惜福、積德。化美感體驗為人生信念並非一蹴可幾，要通過大智教化方能漸次貼近。

貳、美　學

一、價值論

　　美感體驗是人性本真的反映，屬於靈光乍現的良知良能，不學便有，唯稟性氣質多少有差而已。像我對藝術欣賞的修養與能力少之又少，但嚮往人生美感的意念卻從有識之日起不曾消失，令我選擇愛好智慧的哲學為一生志業。不過當二十出頭之際，「性靈之靈性」尚未開顯，反而是走向時代尖端朝科學知識靠攏，關注宇宙的生成變化，於今看來便是自然哲學課題，其認識已寫入前篇〈從宇宙看人生〉之中。哲學探究宇宙與人生，分別指向真善美三方面，開展出本體論、認識論、價值論三大進路，形成為形上學、知識學、倫理學、美學等主要分支學科。其中美學出現甚

晚，直到十八世紀始由德國哲學家包佳頓所創立。

西方哲學傳統相當重視理性思考，相對也限制了感性生命的發揮；像蘇格拉底所提出的「知德合一」理想，乃是希望用理性論辯去落實道德實踐。他的高徒柏拉圖雖然將真善美相提並論，但其中所指的美，實為作為至善的崇高美德，並非真正美感體驗。而哲學的價值論早先也僅包含倫理學，納入獨立的美學已是相當晚近的事情。美學又稱感性學或感覺學，標幟出它不同於理性思辨，更多屬於感性直觀所得。但是雖然將感性跟理性分化，仍應考慮二者相輔相成、互補互利的可能。尤有甚者，在感性、理性之上，尚具有更高的悟性境界，這才是智慧潛能真正座落所在。「感性、理性、悟性」正好與「常識、知識、智慧」相互輝映。

二、審 美

英國哲學家波普曾有「神學乃信仰不堅定的表現」之批判，無獨有偶地，臺灣藝術家蔣勳亦生「美學謀殺了美」的慨嘆；其共通之處即指像信仰對象或美感體驗等渾然天成之物，都不應該用理性思辨加以分析割裂。話雖如此，身處二十一世紀後現代，多元考察仍足以產生殊途同歸之效。作為感性學的美學雖以「學」為名，還是可以採行感性方法從事學術研究，探討審美活動之種種。「審」指判斷，判斷關注對象美或不美。一般美感體驗基本條件乃是愉悅與和諧，當愉悅的心情與和諧的氛圍交相為用下，人們便會產生賞心悅目、心曠神怡的感受。其對象無論是大自然、藝術品或人與事，只要能夠引發美感體驗，均可視為美。

由於美感體驗具有相當主觀成分在內，審美對象是否真的客

觀存在，曾經爲哲學家帶來困擾，像康德即指出其中存在著一定難以解決的矛盾。這種情況其實不止出現在審美活動中，道德推理或倫理實踐內亦隨處可見。總之，類似行善或審美之類的「價值判斷」，無疑跟分辨眞假的「事實認定」大異其趣，不宜混爲一談。如今生命教育課所要求的核心素養設有「價值思辨」，分列道德哲學和生活美學二項；更於加深加廣課程內提出認識「事實與價值」，列有事實辨認和價值分析兩項，都是希望年輕人習得多元思考能力。莫讓分辨眞僞的事實認定，跟取決是非、善惡、對錯、好壞、美醜的價值判斷有所混淆，進而有效改善人生。

三、美　學

　　美學雖與倫理學同屬哲學價值論的內容，但創始時期相對甚晚，所受重視程度亦不如後者。不過事情終究不能一概而論，上世紀八零年代美國詩人布羅德斯基在獲頒諾貝爾文學獎時的演講上，就肯定表示「美學是倫理學之母」，引發全球性討論。他指出倫理學雖保持學理上的優位性，美學卻擁有價值判斷的根源性。簡單地說，倫理學無論是談原則或論關係都必須訴諸「道德推理」，但是人生所面臨的各種存在抉擇卻大多源自「感性抒情」；唯有把理性視作高度的感性，倫理生活才可能從外在規範走向內在安頓。這也正是大智教將自我貞定的人生哲學置於中心位置的原因；兼濟只算理想，宜適可而止，獨善方屬主旨，應盡力而爲。
　　西方美學興起後，強調審美的無利害性，這種對純粹性的嚮往，傳來中土被視爲不切實際。像王國維、蔡元培、朱光潛等憂國憂民的學者，於傳播美學及推廣美育時，無不希望發揚其實用效

益性。這是一種借題發揮的努力，放在百年之後時空脈絡裏，理當作出推陳出新的詮釋及轉化。天然哲大智教既是本土文化教又是在地主體教，同時貞定中華文化與民國；必須兼顧二者，缺一不可。兩岸同屬華人社會，華人生命情調最佳狀態乃是儒道融通，但對小國寡民的我們，必須以道家而非儒家思想為核心價值。作為歷史上的偏安政權，民國不應採取儒家式「正名」倫理路線，而應走向道家式「無為」美學途徑，用以「全形葆真」。

四、本土轉化

雖然像胡適及馮友蘭等哲學家多認為倫理學與人生哲學幾乎是一件事，但在我看來卻有著根本差異性；倫理學主要處理人際倫常關係，人生哲學則追求自我安頓和貞定的獨善工夫。在西方作為哲學價值論的美學，一開始採取的是推理演繹方法，後來進入心理學視野就形成實驗歸納方法，這些都屬於學理上的探索。當美學傳入中國後，在救亡圖存的大纛下，乃以文以載道、借題發揮之姿，背負起啟蒙的重任。此乃本土轉化第一步，代表人物就是當年「清華四大導師」之一的王國維。他是國學大家，接受西學的原因則為找尋「人生慰藉之道」；由於生性憂鬱，使他親近叔本華，五十歲選擇投水自盡時，岸邊即遺留後者代表作。

〈從宇宙看人生〉和〈從人生看宇宙〉雖然殊途同歸，但我撰寫本篇與前篇的心境卻大異其趣；前者有哲學史及科學史為依據，後者則反映出我的自了漢心路歷程。在尋找人生慰藉之道方面，我跟王國維同樣欣賞叔本華，但非基於憂鬱，而是源自憤世嫉俗的心智潔癖。結果反而使我先投向思路條理分明的科學哲

學，後設考察科學探索宇宙奧秘之得失，再一步步走向科技難以把握的人生議題，包括安身與了生之道，最終達於「性靈之靈性」的人生美學境地。這是一種微觀個人面的本土轉化，是我在前篇所發現有關「自然」的多重旨趣中，自我貞定出的大智教義。「順其自然」的人生美學，適足以自度度人安身立命了生脫死。

參、美　育

一、藝術美

美育包括審美教育和美感教育，兼具理性與感性；只是後者感性成分較多，已接近悟性。教育學者李崗發現前者重理解，後者表觸動，大致不差。大智教受到禪宗有名的「看山是山，看水是水」公案啟發，認為「感性、理性、悟性」的心理狀態，反映出「常識、知識、智慧」的辯證發展，足以讓人日益精進，更上層樓，止於至善和大美。大智教行大智教化，讓生命教育擴充與升級，其中一大目的便是「美育化宗教」。美育的內容含有藝術美、自然美、人生美三者，其中前者受到學校教育的重視，幾乎形成獨立的藝術教育。藝術教育指引學生如何欣賞與創作藝術作品，對象包括空間藝術、時間藝術，以及綜合藝術。

嚴格說來，藝術作品並不一定直接而必然地銜接上美，坊間存在著大量不美的作品，後現代更有容乃大接納了醜。不過回到美感體驗的初衷，身心健康的人在審美過程中，多少還是會以愉

悅及和諧與否作爲判斷標準。藝術教育希望提高學生欣賞與創作藝術作品的能力，而藝術作品乃是具有審美價值的人造物；大智美育則在藝術教育之外，更針對自然界以及生命情調進行審美教育，亦即自然美和人生美。進一步看，生活本身同樣可以當成藝術創作來揮灑；像古代文人即使在朝爲官，仍然可以用心經營自身的「審美生活方式」，例如琴棋書畫、文學創作、論學談心、遊山玩水、儀容舉止，品茗飲酒等，皆能怡然自得。

二、自然美

美育指向自然美，顧名思義是要教人如何欣賞大自然的美麗；不過在世間到處充滿了人群以及人造物的情況下，自然美已是可遇不可求。一般人多以爲山林裏綠油油一片便屬大自然，我亦曾作如是觀；直到有天駕車行經山道，看見兩旁觸目所及都是相同植物，仔細分辨才知那是人工栽種的檳榔樹。檳榔已取代稻米成爲臺灣第一大農產品，因爲國內有上千萬「紅唇族」，一旦碰上風災、水災產量不足，還得從東南亞進口，以滿足消費所需。話雖如此，不過像「落霞與孤鶩齊飛，秋水共長天一色」的自然美景象，依然能夠尋得。但在繁忙喧囂的都會生活中，如何找回那種「萬物靜觀皆自得」的閒情雅趣，恐怕必須認眞反思。

「數大便是美」，自然界的壯美始終存在，用心尋訪依然會有所得。今日美育其實還有一件事情可做，那就是退一步看的環境美學與美育。自然環境通過人爲改造不免會受到破壞，爲避免破壞成爲不可逆的劫難，才有愛生惜福的環境保護措施。從生態角度看，全球乃屬一個整體，很容易牽一髮動全身，暖化現象便是

一例。爲避免所有物種的生存環境被破壞殆盡，有必要通過哲學價值論思考，包括環境倫理學與美學的雙重視角提出建言，對診下藥，立法保護。而這一切又莫不需要從教育著手，藉德育和美育管道推廣環境教育，誠屬學校與社會教育的迫切任務。有宗教團體提倡「心靈環保」，亦不失爲一道方便法門。

三、人生美

美育講授人生美的內容，主要教人以「生存基調的鞏固、生活步調的安頓、生命情調的抉擇」。這些可歸結爲個人的修養美學，是一套反身而誠的修養工夫，不似藝術美及自然美具有外在審美對象，大陸學者王建疆乃稱之爲「內審美」。我發現倫理學和人生美學的差異在於前者必然涉及改善跟他人互動，而後者主要在於從事自我覺察與貞定。大智教宣揚「儒道融通」的「天然哲」，其中儒家思想歸於「倫理學取向的人文主義」，而道家則屬「美學取向的自然主義」，二者具有「儒陽道陰、儒顯道隱、儒表道裏」的融匯性質。像儒家講「仁者樂山，智者樂水」，主體乃是人；道家山水畫則將人物融入自然中，可見二者著眼的不同。

人生美的最高境界可以莊子爲代表：「獨與天地精神往來而不敖倪於萬物，不譴是非，以與世俗處。」他既不以世界爲虛幻，又不認爲諸事萬物有理可循，只能順其自然。於是自我主體性乃投射出一種人生美感情趣，近情意而遠德性，這正是我把道家思想歸於美學而非倫理學的理由。天然哲大智教的核心價值即爲道家無待的自然主義，現實中的大自然雖然不斷遭受破壞，人們卻可以在心境上反璞歸眞，自「無爲」出發，通過「無所爲而爲」走向

「爲而不有」，以至「無爲而無不爲」。美育理當面面俱顧，經由無爲反映內在的人生美，觀照外在的自然美，也貼近人爲的藝術美，從而產生潛移默化的靜觀自得效果。

四、生命教育

天然哲大智教經由大智教化以傳教布道，大智教化是生命教育的民間版、成人版、擴充版與升級版，雖屬自我貞定下的自家本事，但並不排斥跟官方說法互通有無、互利共榮。尤其是高中新課綱所羅列的生命教育學習內容，具有相當充實的哲學涵養，設計核心素養讓年輕人接受薰陶，是相當值得肯定的事情。新課綱較十餘年前舊課綱有所進步的是，對哲學價值論除了關注倫理學課題外，在「價值思辨」素養中，列入「生活美學的省思」一項，而與「道德哲學的素養及其應用」並駕齊驅，相輔相成。生活美學雖然只屬於人生美的一部分，但日常生活卻占了人生大部分時光，的確值得認真考量，躬行實踐，用以日益精進。

生命教育中有關生活美學的學習內容包括：「生活中多元多樣的美感經驗與生活美學的內涵；美感經驗及生活美學所需要的素養；生活美學與生命價值觀」，對照於綜合活動領域核心素養，希望「透過生活美學的省思，豐富生活美感的體驗，欣賞與分享美善的人事物，創新經營家庭生活，開創美好人生。」並且補充說明：「1.反思生活美學的能力，可以用對比的方式，呈現不同的生活習慣（如：食、衣、住、行、育、樂等）帶給人不同的感受。2.改變自我，思考如何讓自己成爲有生活品味的人，並瞭解品味不等於奢侈的道理。」這些都是相當平易近人、淺顯易懂的道理，大智教化

既肯定認同，更樂於借題發揮以推廣普及。

肆、宗　教

一、立宗設教

　　宗教立宗設教度化信眾，信不信由人：信者堅信，不信恆不信，隨緣流轉而已。我自認是有信仰及信念的人，但對宗教雖有感卻認識膚淺，也無心深入，僅屬常識之見而已。常識大多跟著感覺走，我花了半世紀去感受人生本然，於入老之際豁然大悟，乃拈出大智教作為安身與了生的自度之道，寫出來則希望以文會友，善結有緣人，若足以度人則不失功德一樁。宗教常與信仰聯結在一道，但我始終認為二者其實是兩回事。宗教歸團體活動，信仰屬個人抉擇；一個人可以選擇信這門或那門教，也可以選擇不信教。不信宗教不表示沒有信仰或信念，每個人多少都有自己的人生信念；我把自己的信念發展為大智教，說與有緣人聽。

　　我的宗教觀跟相信儒家人文教的牟宗三類似，他曾說：「儒教，在中國雖未成為宗教，然卻實為『宗教的』，……因它實代表一種人生之基本肯定。……宗教，如中文所示，有宗有教。宗是其歸宿，教是其軌道（方法理論皆含於軌道中），依宗起教，以教定宗，故中國以前只言教，而不合言宗教。言宗教則彰顯『依他之信』，只言教，則歸與自信自肯，而唯是依教以如何成聖、成仙、成佛。」在他看來，西方宗教乃「依他之信」，中國傳統三教則通

過信仰而證成聖賢或仙佛。我對西洋及本土諸教保持尊重，但存而不論，同時樂於接納儒道融通的人生信念，並嘗試立宗設教，將之打造成相信現世主義的反諷式天然哲大智教。

二、生死許諾

世上任何宗教系統大多會提供信眾有關生前死後之種種，此乃宗教不可或缺的許諾或信諾；大智教非但不作此想，且加以拒斥，因此屬於反諷式擬似宗教之非宗教。天然哲大智教是「後現代儒道家」的哲理教，希望培養「知識分子生活家」的人格典型，懂得活在現世妥善拿捏兼濟和獨善的分寸，死而後已。這種人格典型並非一蹴可幾，而是需要一定修養工夫始能達致；我所提倡的大智教化將之分爲三方面以身體力行：自我貞定、社會實踐、國族認同。其中最後一項是身處海島一隅的中華民國國民，必須知命但不認命的人生命題。大智教化是成年國人的生命教育，教人學會如何頂天立地，國族認同正是必須踏出的第一步。

中華民國是內戰後的偏安政權，而非地方政權或流亡政權，此乃國人安身立命的基本狀態。至於了生脫死之道，「生死學之父」傅偉勳有解：「儒家與道家對於傳統中國人的思維模式與生死態度，各別所留下的影響都一樣深遠。儒家倡導世間世俗的人倫道德，道家強調世界一切的自然無爲，兩者對於有關（創世、天啓、彼岸、鬼神、死後生命或靈魂之類）超自然或超越性的宗教問題無甚興趣，頂多存而不論而已。……佛教除外的中國思想文化傳統，並不具有強烈的宗教超越性這個事實，在儒道二家的生死觀有其格外明顯的反映。」當年我繼承傅老遺志而創辦南華生死所，對他所

講述的人生哲理信念不曾或忘，且樂於發揚光大。

三、人文教

　　傅偉勳推崇莊子是「心性體認本位的中國生死學的開創者」，他進一步表示：「能兼哲理性與宗教性（或高度精神性）雙重普遍意義與深度的現代生死學，必須建立在『心性（本心本性）體認本位』上面，而此涉及生死的『心性體認』，以極具現代意義的禪道（亦即道家與禪宗的融合）所發揮表現的，最爲殊勝……。」而信仰人文教的牟宗三則引用莊子的話說：「所謂『明於本數，繫於末度』，以及『其於本也，宏大而辟，深閎而肆；其於宗也，可謂稠適而上遂矣』諸語，可爲中國文化生命之寫眞。」由此可見儒道融通的生命進路，是相當適於國人的安身與了生之道；至於納入禪宗思想，可視爲道家式的格義，進而有容乃大。

　　牟宗三以儒家思想爲人文教，其理想緣於：「吾人處今日，單據日常生活之軌道與提撕精神啓發靈感兩義，而謂於科學與民主之外，有肯定並成立人文教之必要。若推廣言之，爲任何國家著想，皆當於科學與民主之外，有肯定『宗、教』或『宗教』之必要。否則一民族絕無立國之本，亦絕無文化生命可言。」民主與科學是五四運動時期所提倡的「德先生」和「賽先生」，希望讓中華民國長治久安。一百多年過去了，民國依然屹立於美麗島嶼之上未曾動搖，此即國人安身立命之所繫。人文教希望彰顯國家與人民的文化生命，大智教則進一步強調面對個人自然生命了生脫死的必要。前者兼濟，後者獨善，人生信念盡在其中矣。

四、大智教

　　前賢以儒教爲人文教，我則宣揚大智教爲人生教，對此有所闡述：「人生教宣揚傳布一套適用於當今華人社會的生命學問，用以助人『安身立命、了生脫死』，二者分屬生活智慧與生死智慧。此等智慧係由古今中外聖賢才智的『性靈之靈性』提煉而得，去蕪存菁，推陳出新，從而開創出『行中道、安現世、了生死』的本眞人生。」其中「性靈之靈性」即指向以美感體驗而非道德實踐爲主的精神歸宿。「性靈」是晚明文人團體「公安派」的寫作風格，主張「獨抒性靈，不拘格套」，甚爲林語堂所喜而效法之，遂得以成就「幽默大師」的美譽。性靈書寫反映出一定創作上的美學旨趣，足以通過美育以簡化與淨化人們的身心狀態。

　　「性靈之靈性」的美學與美育呈現一系傳承，此即「莊子、竹林七賢、陶淵明、白居易、蘇東坡、唐伯虎、公安三袁、林語堂」八組人格典範，其中除莊子外皆爲文人而非哲學家，此即大智教的美感體驗傾向。而即使是哲學家，莊子的立場也屬美學情意境界。勞思光在《中國哲學史》內有所分判：「莊子之自我，駐於『情意』一層；此種『情意我』就發用而言，爲觀賞之我，故可說 "Aesthetic Self"；就其體性而言，則爲純粹之生命境趣，與形軀我絕不相同。……破除形軀我之理論，在莊子學說中可分兩點。第一爲『破生死』之說；第二爲『通人我』之說。……『通人我』之理論實爲『破生死』之理論之延長而已。」

伍、美育化宗教

一、美育化

　　任何宗教教誨無不許諾生前死後之種種，此一生死分判實就「形軀我」而言，若能將關注轉向「情意我」而學得自我觀照，則可達於「破生死」之境。此乃道家思想最高境界，勞思光發現：「展示情意我之境，及破除形軀我、認知我之理論，莊子皆遠勝於老子，故莊子實爲道家學說之完成者……。」莊子哲學通過文學表述達於美學意境，是極佳的人生美育起點；更足以轉化純化簡化各宗教的生死觀，以形成「美育化宗教」。「美育化宗教」不同於「美育代宗教」的汰舊換新，而是融匯貫通下的有容乃大；宗教性依舊在，只是內涵已通過美育化而不再劃地自限。各宗教的門戶之見遂得以一一破除，而達於「和且互通」的境界。

　　本文章〈從人生看宇宙〉，提出「美育化宗教」的論點；其中「美育」代表需要學習的人生安頓之道，「化」則具有化成、消融、度化等多重寓意，「宗教」則反映一定的宇宙或世界觀。考察西方文明的發展軌跡，神話與宗教跟科學與哲學呈現一定消長之勢，這可由前篇所引介的新自然哲學論述看出。倘若從宇宙看人生屬於常識性考察，則從人生看宇宙就需要一定的愛智慧見逆向思考；先貞定人生的有限卻圓滿性，再體現宇宙的宏偉及空靈性。宇宙即世界和天地，天人地謂之「三才」，人存活在世間一

天，就要順其自然地頂天立地。此乃審美而非倫理取向的存在抉擇。將宗教信仰美育化只算第一步，消融度化才是真正目的。

二、消　融

「美育化宗教」的發展是從「美育化」既有宗教，到以美育「消融」其宗教性，進而「度化」出新的擬似宗教之非宗教，亦即大智教。主張儒道融通的天然哲大智教跟任何宗教一樣，希望自度度人安身立命了生脫死；安身之道可以隨緣流轉，了生之事只能貞定現世。既然各宗教皆具備生死許諾，便凸顯出大智教的殊異性，傅偉勳說：「儒道二家的生死觀，基本上硬心腸的哲理性強過於軟心腸的宗教性，這當然不等於說，它們不具有宗教性。不過它們的宗教性本質上是高度精神性，而不是彼岸性或超越的宗教性。」大智教乃作用於消融各宗教的宗教性而發，消融之後的各宗教，仍具有鏡花水月美學效果，足以令人駐足神往。

消融不是消滅而是融化，把看似被標幟為真理的理念，解消為空靈之美。從人生看宇宙，現世主義是唯一的「道路、真理、生命」，此外無他。用隱喻的說法，靈魂沒有不滅，精神卻可不朽；不朽的是情意我而非形軀我。勞思光解釋道：「一經破執，則自我不以形軀為自身，即能安其偶然之生，任其必然之死。所謂『安時而處順』，即此義也。」此中「偶然」即是佛家講的「無自性」而隨緣流轉。但既然活著還是可以也應該有所作為，面對死生大事，到了「必然」時刻，選擇自然死或安樂死而非加工活，以及將身後事落實為縱浪大化的自然葬，都足以彰顯出「破執」的修養工夫。大智教所秉持的現世主義，即以此為歸宿。

三、度　化

「度化」爲佛家用語，有超度、點化之意，用來借題發揮，不失爲方便法門。天然哲大智教宣揚的是一套華人應用哲學，佛家思想隨著原始佛教自東漢魏晉時期傳入中土，較儒道二家晚了八、九百年，在彼此激盪消融之下，形成爲本土文化的「三家」，提供華人自我貞定人生哲理的活水源頭。其中佛家在其印度傳統影響下，相信因果輪迴業報之說，似與儒道現世主義扞格。但在「美育化宗教」的洗禮後，可以再接受現世主義進一步度化，將輪迴觀美化成爲純粹空靈的浪漫體驗，從而擺脫掉現實中顚倒夢想。大智教秉持自身的主動能動性，足以把佛道二教度化、純化、美化爲道佛二家，使之開展爲「心性體認本位」人生實踐。

世間各教無不劃地自限自圓其說，大智教無意以美育取代之，卻樂於加以度化之。這屬於宗教觀解的典範轉移，一般宗教無不希望以其神聖性去度化世俗之人，大智教卻主張逆勢操作，以世俗的人性本眞去消融神聖之虛妄。在西方有一例證，即是提出以人文主義對治基督宗教的〈人文主義者宣言〉，其1933年首版簽署者包括杜威，有一條明示「宗教必須日益爲生活樂趣服務」；至2003年第三版則強調其立場爲「受理性引導、受熱情鼓舞、受經驗開示，鼓勵我們美好、充分地活出生命」。這屬於以世俗度化神聖的努力，大智教認同但強調本土轉化。華人不仰慕神聖卻主張成聖成賢，也算是人文主義，需要用自然主義度化之。

四、從人生看宇宙

「從宇宙看人生」與「從人生看宇宙」的提法來自當代新儒家學者唐君毅，他跟牟宗三在兩岸人文學界被推崇並稱「牟唐」。唐君毅認爲「從宇宙看人生」乃「最彎曲的路」，要倒過來看方能「直透本原」。新儒家被視爲道德理想主義者，其人生觀解具有強烈倫理道德訴求，經常濃得化不開；若上升至儒教人文教的境地，則不啻爲準宗教了。相形之下，大智教的反諷式擬似宗教之非宗教則大異其趣，但求清風明月、反璞歸眞，從而走向以美育化宗教的途徑。前後兩篇議論文章係對全書主旨進行不同面向的闡釋，希望殊途而同歸。我不認爲從宇宙看人生的道路曲折，畢竟我正是如此一路走來，到頭來依然得以直透本原、道喜充滿。

不同於儒家用道德人生眼光去考察身處時空環境的寓意，我嘗試通過道家美感人生的視角去解構宗教信仰以了生脫死。大智教的本質爲「後科學、非宗教、安生死」，可以解讀爲「後科學」與「非宗教」的「安生死」之自我教化，傅偉勳筆下的莊子正是我們可以向友古人的典型：「祇有莊子，不但並談生死，更能直接凝視死亡，體驗死亡，把自己整個生命投入生死問題的實存主體性探索，藉以發現一條不依傍任何外力外物的大徹大悟、精神解脫之路。」對於莊子的豁達境界我們雖不能至，卻仍宜心嚮往之。由於勞思光把莊子的「情意我」視爲「美感我」，適足以將此等美感人生深化爲美學及美育，藉以自度度人了生脫死。

結　語

　　若說本議論文章有任何新的創意，當屬我對宗教意識有了突破性觀解，此即「美育化宗教」；用世俗性的美感訴求，去解構顛覆宗教神聖性之虛妄。依我之見，任何宗教信仰除了生死許諾之外，餘皆無關宏旨；一旦發現許諾之虛妄，宗教也就失去理想上的存在價值。但是宗教力量足以勸人爲善，更推廣慈善活動，於現實中仍不失保存意義。爲保存宗教之實用性，將其理想初心朝美感化、美學化、美育化超度，遂不失爲一條可行途徑。我自認頗有宗教感，活了大半輩子卻始終對宗教覺得「正負情愫交融」（葉啓政語），亦即「愛憎交織」，唯有通過反思書寫以自我貞定。「我手寫我心，存在即自知」便是我個人的美育化宗教。

後記：數一數獨行的腳步

本書寫作的旨趣是藉回顧以前瞻，對自度度人安身立命了生脫死的「大智教」加以深化發展。大智教係「吾十有五而志於學」至今超過半世紀的愛智慧見，性質上屬於對「宇宙與人生」進行全方位觀解的哲理教；以此作為書名，有著呼應我的同名博士論文之用意。當年小子斗膽，違反學位論文「小題大作」的規範，竟然以如此至大無外的題目作文章。所幸仍能順利完成任務，以三年半時間修成正果，進而謀得安定三十載的教職，只能說應當感恩惜福積德了。本書除了感恩六本為我帶來心智啟蒙的著作，主要就是對個人大半生三十三部作品予以自我詮釋並借題發揮。回首來時路，發現吾道竟能一以貫之，備感欣慰。

「數一數獨行的腳步」是我寫書主要目的，此一說法參考前副總統呂秀蓮早年著作《數一數拓荒的腳步》，這是我大學時代初識女性主義的讀物，願在此向她致意。更要對這位獨派大老表達敬意的是，她至少有兩項重要的建言極具參考價值。其一為將國家版圖重新規劃，分為東、南、西、北、中五個直轄市，原有縣市全部打散，如此一來可大幅消弭地方勢力，國家治理也會變得流暢得多。其二是提出統合的「中華邦聯」虛擬架構，置於民國及共和國上位，作為兩岸一家親的保證。有人詆譭她為「華獨」，但獨派能夠著書立說《兩岸恩怨如何了》，擁抱「一個中華」觀點，比起藍綠白各路人馬高明多了，值得大家用心關注。

2021年7月

【鈕則誠三十四部著作】

1979.05.《自我與頭腦——卡爾波柏心物問題初探》。臺北：輔仁大學。

1988.01.《宇宙與人生——巴柏的存在哲學》。臺北：輔仁大學。

1996.03.《護理學哲學：一項科學學與女性學的科際研究》。臺北：銘傳
學院。

1996.10.《性愛、生死及宗教：護理倫理學與通識教育論文集》。臺北：
銘傳學院。

2001.02.《心靈會客室》。臺北：慈濟。

2001.08.《生死學》。臺北：空中大學。（合著）

2003.08.《醫護生死學》。臺北：華杏。

2003.10.《護理科學哲學》。臺北：華杏。

2004.02.《生命教育——倫理與科學》。臺北：揚智。

2004.02.《生命教育——學理與體驗》。臺北：揚智。

2004.08.《醫學倫理學——華人應用哲學取向》。臺北：華杏。（合著）

2004.09.《教育哲學——華人應用哲學取向》。臺北：揚智。

2004.10.《護理生命教育——關懷取向》。臺北：揚智。

2004.12.《生命教育概論——華人應用哲學取向》。臺北：揚智。

2005.08.《生死學（二版）》。臺北：空中大學。（合著）

2005.10.《教育學是什麼》。臺北：威仕曼。

2006.01.《波普》。臺北：生智。

2006.01.《殯葬學概論》。臺北：威仕曼。

2007.02.《殯葬生命教育》。臺北：揚智。

2007.03.《永遠的包校長》。臺北：銘傳大學。

2007.08.《殯葬與生死》。臺北：空中大學。

2007.11.《觀生死——自我生命教育》。臺北：揚智。

2007.11.《觀生活——自我生命教育》。臺北：揚智。

2008.04.《殯葬倫理學》。臺北：威仕曼。

2009.01.《從常識到智慧——生活8×5》。臺北：三民。

2010.09.《生命教育——人生啓思錄》。臺北：洪葉。

2010.09.《生命的學問——反思兩岸生命教育與教育哲學》。臺北：揚
智。

2013.10.《觀人生——自我生命教育》。新北：揚智。

2015.07.《大智教化——生命教育新詮》。新北：揚智。

2016.07.《學死生——自我大智教化》。新北：揚智。

2018.09.《六經註——我的大智教化》。新北：揚智。

2019.09.《新生命教育——華人應用哲學取向》。新北：揚智。

2020.04.《新生死學——生命與關懷》。新北：揚智。

2021.09.《宇宙與人生——大智教的貞定》。新北：揚智。

生命・死亡教育叢書

宇宙與人生——大智教的貞定

作　　　者／鈕則誠
出　版　者／揚智文化事業股份有限公司
發　行　人／葉忠賢
總　編　輯／閻富萍
地　　　址／22204 新北市深坑區北深路三段 258 號 8 樓
電　　　話／02-8662-6826
傳　　　真／02-2664-7633
網　　　址／http://www.ycrc.com.tw
　E-mail　／service@ycrc.com.tw
　I S B N　／978-986-298-372-0
初版一刷／2021 年 9 月
定　　　價／新台幣 320 元

國家圖書館出版品預行編目（CIP）資料

宇宙與人生：大智教的貞定 = Cosmos and
life : the rise of great wisdom edification /
鈕則誠著. -- 初版. -- 新北市：揚智文化事
業股份有限公司, 2021.09
　　面；　公分. --（生命.死亡教育叢書）

ISBN 978-986-298-372-0(平裝)

1.生命教育　2.教育哲學 3.文集

528.5907　　　　　　　　　　110010194